KLEINE
TIER-
FAMILIEN

Originalausgabe unter dem Titel
„Felt Animal Families“ erschienen bei:
Search Press Limited
Wellwood, North Farm Road,
Tunbridge Wells, Kent TN2 3DR
© 2020

Text: © Corinne Lapierre 2020
Fotografie und Design: © Search Press Ltd 2020

Für die deutsche Ausgabe:
Verantwortlich: Svenja Wiglinghaus
Produktmanagement: ZweiKonzept GbR
Übersetzung: Susanne Döllner
Lektorat und Korrektorat: ZweiKonzept GbR
Satz: Medienservice Feuerer
Umschlaggestaltung: Regina Degenkolbe
Herstellung: Bettina Schippel, Stephanie Schlemmer
Printed in China

Sind Sie mit diesem Titel zufrieden? Dann würden wir uns über Ihre Weiterempfehlung freuen. Erzählen Sie es im Freundeskreis, berichten Sie Ihrem Buchhändler oder bewerten Sie bei Onlinekauf. Und wenn Sie Kritik, Korrekturen, Aktualisierungen haben, freuen wir uns über Ihre Nachricht an: Christian Verlag, Postfach 40 02 09, D-80702 München oder per E-Mail an lektorat@verlagshaus.de.

Unser komplettes Programm finden Sie unter

www.christophorus-verlag.de

Die Deutsche Nationalbibliothek verzeichnet diese Publikation in der Deutschen Nationalbibliografie; detaillierte bibliografische Daten sind im Internet über http://dnb.d-nb.de abrufbar.

© 2021 Christophorus Verlag in der
Christian Verlag GmbH, München
Infanteriestraße 11a
D 80797 München

ISBN 978-3-8410-6622-0

Besuchen Sie uns im Internet:
www.christophorus-verlag.de

Widmung

Ich möchte dieses Buch meinen drei großartigen Kindern Emily, Oscar und Thomas widmen, die gerade dabei sind, junge Erwachsene zu werden, mich aber immer noch zum Lachen bringen und mich zu diesen Designs inspiriert haben. Eure Mutter zu sein ist das tollste Abenteuer meines Lebens!

Danksagung

Ich möchte meinem wunderbaren Team danken, das das Geschäft am laufen hält, während ich mich im Büro einschließe, um an Designs zu arbeiten.

Ein besonderer Dank geht an das Search-Press-Team, mit dem zu arbeiten einfach eine Freude ist. Vor allem danke ich Katie, die mich gebeten hat, dieses Buch zu schreiben, und May – für Ihre Geduld und behutsame Anleitung.

Corinne Lapierre
KLEINE
TIER-
FAMILIEN
Süße Tiere, Kleidung und
passende Accessoires aus Filz
selber nähen

Inhalt

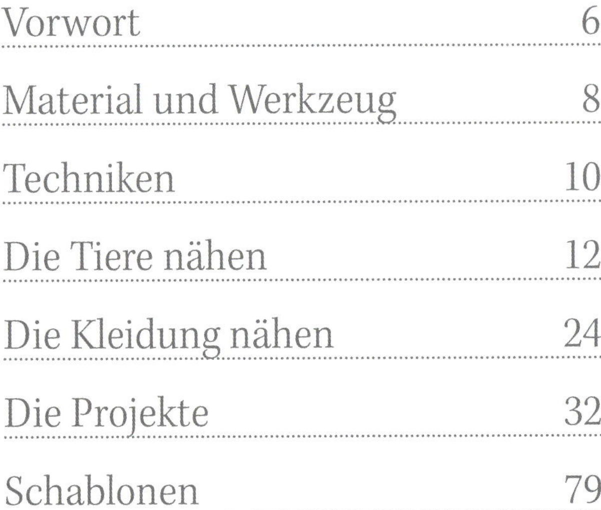

CHEESY
NEWS

Vorwort

Es hat sehr viel Spaß gemacht, dieses Buch zu schreiben. Am liebsten mochte ich es, mir die einzelnen Familien und das Leben, das sie wohl führen würden, ganz genau vorzustellen.
Ich habe viel Zeit mit Entwürfen verbracht und damit, in meinen alten Kinderbüchern, in denen Tiere sehr menschliche Eigenschaften haben, nach Inspiration zu suchen. Ich habe selbst drei Kinder und muss gestehen, dass in jeder der hier vorgestellten Familien ein bisschen was von uns steckt. Manchmal sind wir der Mäusefamilie sehr ähnlich, bleiben mit unseren liebsten Hobbys in unserem gemütlichen Zuhause, und manchmal machen wir wie die Bären lange Wanderungen. Die kleinen Füchse sind von meinen beiden Söhnen inspiriert, die als kleine Jungs immer so aktiv und oft auch voller Matsch waren, und das kleine Fräulein Hase ist das Abbild meiner Tochter, als sie noch sehr klein war und sich als Fee verkleidet hatte. Ich hoffe, Sie haben viel Freude beim Nähen, und bringen dabei auch ein wenig von Ihrer eigenen Familie und Persönlichkeit ein.
Machen Sie sich keine Gedanken über unregelmäßige Nähte – das gibt den Tieren ihren charmanten DIY-Look. Beim Nähen erwachen die Tiere zum Leben, und bevor Sie sich versehen, sind sie ein Teil Ihrer Familie.
Zeit meines Lebens fand ich alle Formen von Kreativsein mit Stoff toll, aber Filz bleibt mein liebstes Medium. Wenn Sie bisher noch nicht damit gearbeitet haben, werden Sie es sicherlich lieben. Filz ist so einfach zu handhaben, weil er nicht ausfranst. Aber bitte denken Sie bei Filz nicht an die billige Acrylvariante. Wie bei vielen Formen der Handarbeit ist auch hier gutes Material wichtig. Filz aus 100 % Wolle ist mir persönlich etwas zu dick und steif, aber vielleicht finden Sie einen, der weich und biegsam bleibt. Ich nehme am liebsten eine Wolle-Viskose-Mischung, die den Filz weich und flexibel macht. Die Struktur des Filzes ist sehr wichtig, damit sich die Tiere weich und angenehm anfühlen. Die Figuren wurden nicht als Spielzeuge entworfen, aber Kinder würden sich mit Sicherheit in sie verlieben. Wenn Sie die fertigen Tiere kleinen Kindern geben möchten, sollten Sie allerdings keine kleinen Knöpfe oder Perlen verwenden.
Ich hoffe, Sie haben viel Spaß beim Nähen dieser kleinen Tiere und dass sie Sie viele Jahre lang zum Lächeln bringen werden. Die Tiere jedenfalls können es kaum erwarten, aus den Seiten zu hüpfen und bei Ihnen zu leben.
Hübsche Dinge von Hand zu nähen ist eine sehr entspannende und wohltuende Beschäftigung. Machen Sie es sich also bequem, nehmen Sie sich Zeit und genießen Sie den Prozess – einen Nadelstich nach dem anderen.

CORINNE

Material & Werkzeug

FILZ

Filz ist mein Lieblingsmaterial, aber er sollte von guter Qualität sein. Ich liebe seine Nachgiebigkeit und, dass er sich so leicht handhaben lässt. Filz franst nicht aus und lässt sich sehr leicht schneiden.

Für die Projekte in diesem Buch habe ich eine Wolle-Viskose-Mischung verwendet. Ich persönlich kann damit besser arbeiten als mit Filz aus reiner Wolle, der manchmal etwas zu dick und steif sein kann. Und er ist sehr, sehr weich. Wenn Sie sich für Filz aus 100 % Wolle entscheiden, sollten Sie einen nicht zu dicken wählen.

Von Acrylfilz ist abzuraten, da er qualitativ minderwertig ist und das Ergebnis einfach nicht dasselbe sein wird. Acrylfilz ist teilweise dünn und etwas durchsichtig, vor allem aber fehlt ihm das Weiche eines Wollmix-Filzes. Diese Tierfamilien zu gestalten braucht Zeit und sollte Spaß machen, deshalb ist die Qualität des Materials wichtig. Und: Mit gutem Material hält das Ergebnis ein Leben lang. Wenn Sie im Laden keinen Wollmix-Filz von guter Qualität finden, gibt es auch einige Onlineshops, die ihn vorrätig haben, inklusive meiner eigenen Website (www.corinnelapierre.com).

BEDRUCKTER BAUMWOLLSTOFF

Für ein paar der Kleidungsstücke und Accessoires habe ich kleine Stücke Baumwollstoff verwendet. Er sollte leicht sein und am besten ein kleines Muster haben, das zur Größe der Tiere passt.

Sie können den Stoff von Kleidung oder Tüchern wiederverwenden oder ein paar kleine Stücke kaufen.

STICKGARN

Sie brauchen gedrehte Baumwolle, die in Form von Strängen verkauft wird. Sie wird auch als Sticktwist bezeichnet und besteht meist aus sechs Fäden, die miteinander verdrillt sind. Ich nehme gerne das Stickgarn von DMC, aber Sie können natürlich jede Marke verwenden.

FÜLLUNG

Ich verwende gerne kardierte Polyesterfüllung, da diese weich und federnd ist, aber im Prinzip funktioniert jede Füllung. Das ist Geschmackssache. Sie können auch die Füllung von alten Kissen oder Polstern verwenden.

BÄNDER

Es ist ganz Ihnen überlassen, welche Art von Bändern Sie verwenden möchten. Ich empfehle schmale; ich habe 5 mm breite Bänder benutzt.

Daneben habe ich ein wenig Lederband verwendet, das man in Handarbeitsläden problemlos findet. Alternativ können Sie auch gewachste Schnur verwenden, die man häufig für Perlenschmuck braucht.

VERSCHLÜSSE UND KNÖPFE

Für die Kleidung habe ich Klettverschlüsse verwendet, die man ankleben kann. Manchmal gibt es auch selbstklebende, aber sie halten nicht immer gut.

Je kleiner die Knöpfe, desto besser für die Projekte hier. Ich habe welche mit 5 mm Durchmesser benutzt.

NÄHSET

Das Tolle am Arbeiten mit Filz ist, dass man keine besonderen oder gar teuren Arbeitsmaterialien braucht. Alles wird von Hand genäht, es sind keinerlei Maschinen nötig.

In einem Standard-Nähset finden Sie alles, was Sie brauchen: eine scharfe Stoffschere, eine kleine, spitze Stickschere, Steck- und Nähnadeln.

Daneben brauchen Sie eine Papierschere, um die Schablonen auszuschneiden, und Kugelschreiber, Bleistifte oder Stoffmarker, um die Schablonen auf dem Filz nachzuzeichnen.

Stoffkleber ist praktisch, aber Sie können auch Weißleim von guter Qualität verwenden.

Techniken

EINE SCHABLONE AUF DEN FILZ ÜBERTRAGEN

1 Halten oder befestigen Sie Ihre Schablone an der gewünschten Stelle und zeichnen Sie mit einem Bleistift oder Kugelschreiber ihre Umrisse nach. Sie können auch einen Stoffmarker verwenden, notwendig ist das aber nicht.

2 Entfernen Sie die Papierschablone und stellen Sie sicher, dass der nachgezeichnete Umriss deutlich sichtbar ist.

3 Schneiden Sie den Umriss mit der Stoffschere aus. Legen Sie ggf. das ausgeschnittene Stück Filz auf die Schablone, um die Größe und richtige Passform zu prüfen.

Die ausgeschnittene Form.

Wenn Sie zwei Stücke ausschneiden, die später zusammengenäht werden, denken Sie daran, sie spiegelverkehrt auszuschneiden, damit sie zusammenpassen.

DAS STICKGARN VORBEREITEN

Für alle Näharbeiten rund um die Tiere und Accessoires brauchen Sie ein oder zwei Fäden, und da Stickgarn meist aus sechs Fäden besteht, müssen Sie die Fäden zunächst trennen.

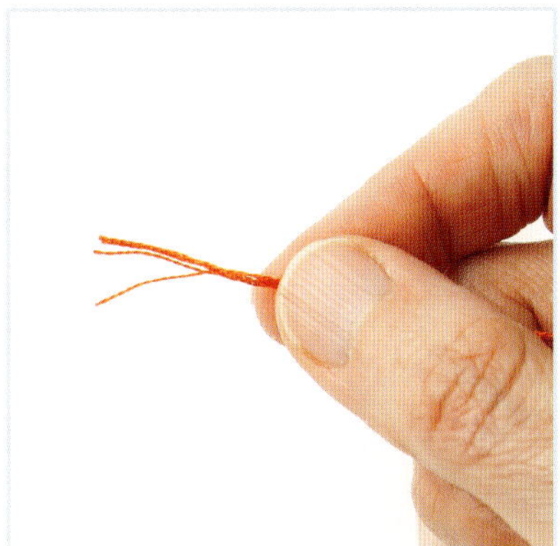

1 Schneiden Sie ein etwa 60 cm langes Stück Garn ab. Halten Sie das Garn an einem Ende fest und ergreifen Sie mit der anderen Hand ein bis zwei Fäden.

2 Halten Sie das Garn locker zwischen Daumen und Zeigefinger und ziehen Sie die Einzelfäden heraus. Die restlichen Fäden werden sich zu einem kleinen Ball zusammenschieben, lassen sich aber problemlos wieder geradeziehen.

DEN FADEN VERKNOTEN

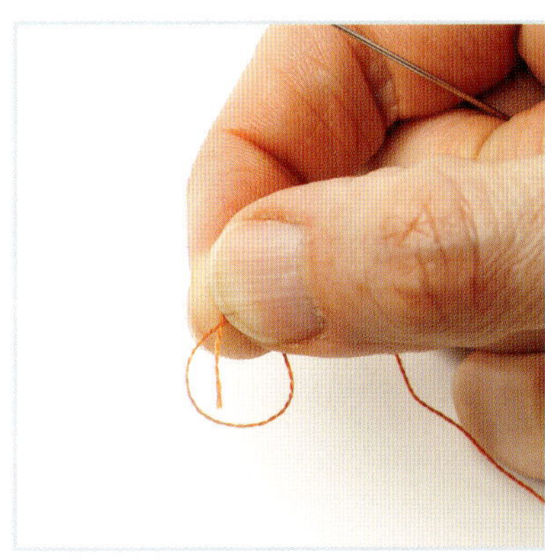

1 Formen Sie aus dem Fadenende eine Schlaufe mit dem losen Ende in der Mitte.

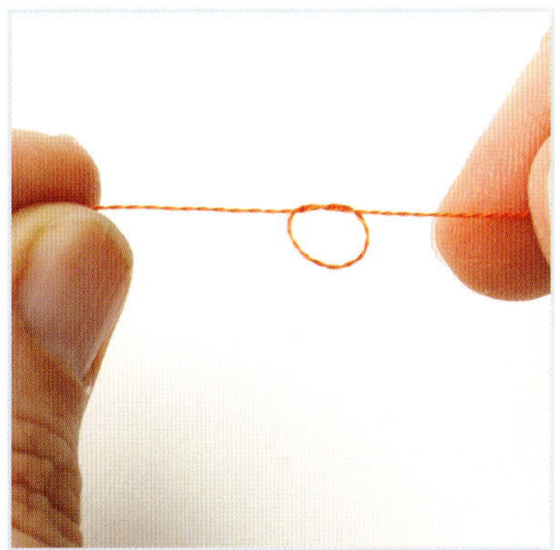

2 Fädeln Sie das lose Ende durch die Schlaufe, um einen Knoten zu machen. Für einen Doppelknoten wiederholen Sie den Vorgang.

DIE TIERE NÄHEN

Die Tiere und die Accessoires sind sehr einfach zu nähen. Ich habe Überwendlingsstich, Steppstich und den Französischen Knoten verwendet. Alle drei zeige ich Ihnen hier, während wir Schritt für Schritt ein Tier nähen. Ich habe einen orangen Faden benutzt, damit er besser sichtbar ist. Für die richtigen Tiere habe ich später einen passenden grauen Faden verwendet.

Die Körperteile mit dem Überwendlingsstich zusammennähen

Fügen Sie an dieser Stelle den Schwanz hinzu, wenn Sie in der Anleitung dazu aufgefordert werden.

1 Legen Sie beide Seiten passend aufeinander. Führen Sie die Nadel zwischen den beiden Filzstücken von innen nach außen durch eines der beiden Stücke, um den Knoten am Fadenende zu verbergen.

2 Stechen Sie die Nadel nun von der anderen Seite durch beide Filzstücke und ziehen Sie sie ganz durch.

3 Stechen Sie die Nadel weiter von einer Seite zur anderen durch beide Filzstücke, sodass eine kleine, schräge Naht entsteht. Versuchen Sie, gleichmäßig zu nähen, aber es macht nichts, wenn das nicht gelingt – das ist Teil des DIY-Looks!

4 Formen Sie am Ende der Naht eine Schlaufe und führen Sie die Nadel hindurch, um einen Knoten zu machen. Wiederholen Sie das mehrmals, um die Naht sicher abzuschließen.

5 Schneiden Sie das Fadenende ab – aber nicht zu kurz. Lassen Sie ein Stück Faden übrig und schieben Sie es einfach zwischen die Filzstücke in den Innenteil.

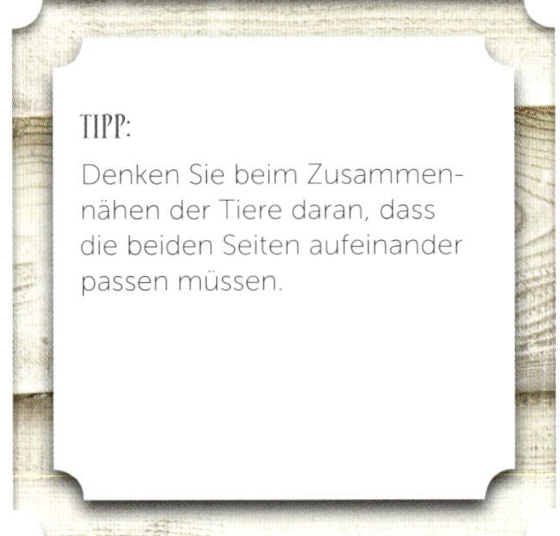

TIPP:

Denken Sie beim Zusammennähen der Tiere daran, dass die beiden Seiten aufeinander passen müssen.

Einen Abnäher machen

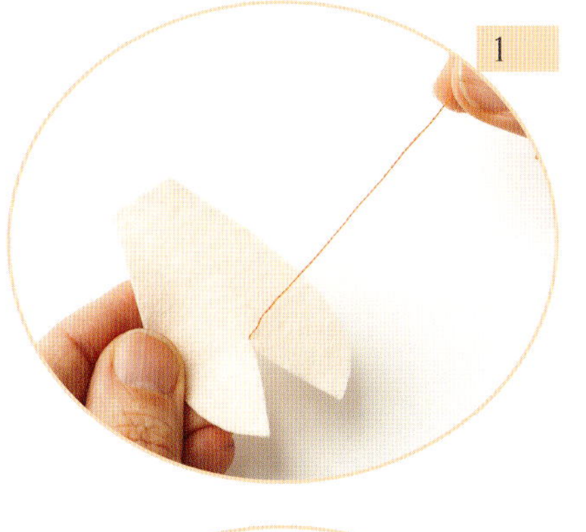

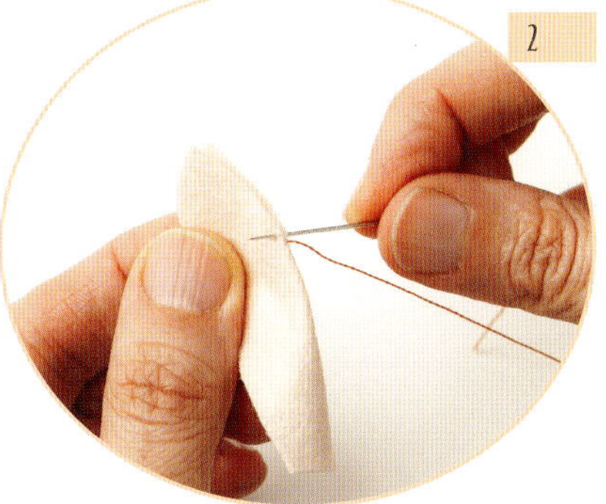

1 Manche Körperteile haben einen kleinen Abnäher. Fädeln Sie die Nadel so durch den Filz, dass der Knoten auf der Rückseite liegt.

2 Falten Sie den Filz so zusammen, dass beide Seiten passend aufeinanderliegen.

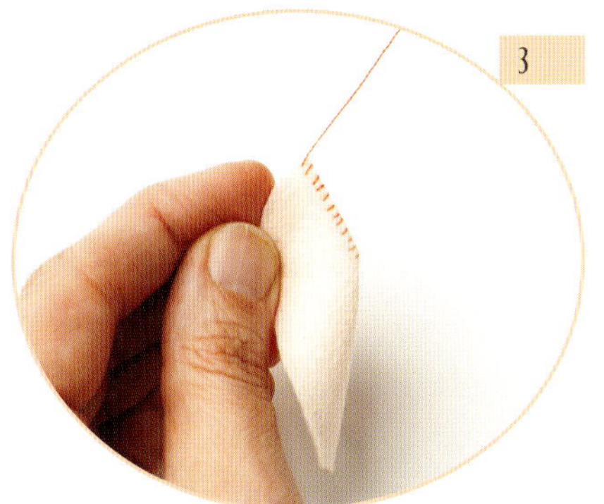

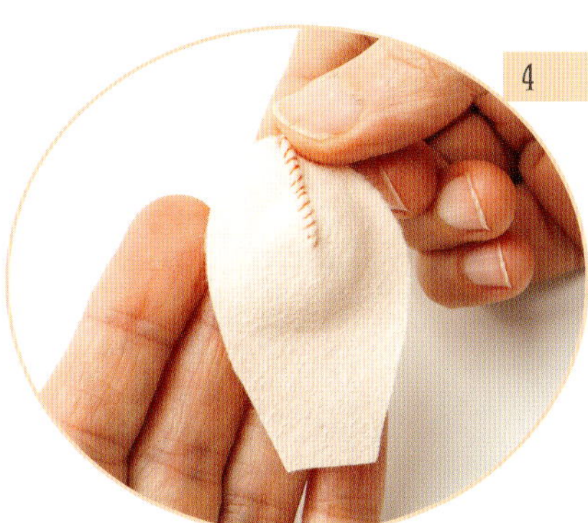

3 Nähen Sie mit einem Überwendlingsstich entlang der gesamten Kante und schließen Sie mit einem Knoten ab, wobei das Fadenende innen verschwindet.

4 Formen Sie das Filzstück mit den Fingern aus. Wenn Sie das spitze Ende etwas abflachen, erhält das Ganze eine rundlichere Form. Das sieht besonders hübsch aus, wenn es für ein Tierbäuchlein gedacht ist!

Das Körper-Vorderteil einfügen

1 Legen Sie das weiße Bauch-Teil auf die Öffnung des Körper-Filzteils.

2 Nähen Sie, auf der Innenseite beginnend, das Bauch-Teil mit Überwendlingsstichen rundherum fest und verknoten Sie das Ende.

Das Bauch-Teil ist nun am Körper befestigt.

Die Körperteile ausstopfen

Füllen Sie die Tiere recht fest, verwenden Sie aber nicht zu viel Füllmaterial, weil sonst die Nähte oder der Filz reißen können.

1 Das Füllen gelingt mit einem Essstäbchen oder stumpfen Bleistift viel leichter.

2 Schieben Sie ein kleines Stück Füllung mit dem Zeigefinger in den Körper. Fügen Sie nach und nach weiteres Füllmaterial hinzu.

3 Wenn die Öffnung zu klein ist, schieben Sie die Füllung mit einem Essstäbchen oder stumpfen Bleistift hinein.

Die Arme und Beine nähen

1 Nähen Sie mit einem Überwendlingsstich wie beim Körper den Arm bis kurz über die Hälfte zusammen. Schneiden Sie den Faden nicht ab.

2 Nehmen Sie etwas Füllung und rollen Sie sie grob in die Form und Größe des Arms.

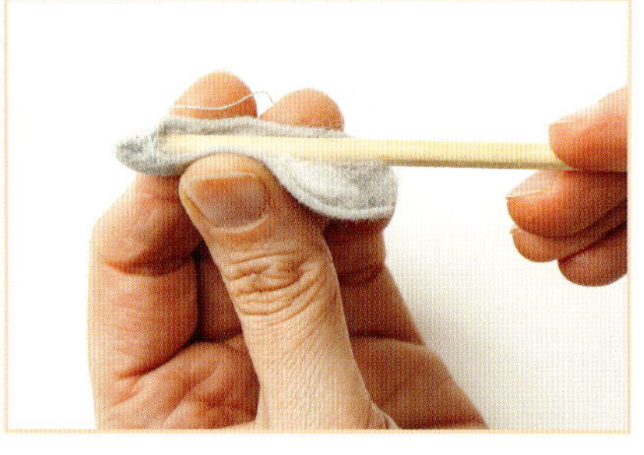

3 Legen Sie das Stück Füllung in den Arm und drücken Sie es mit dem Essstäbchen oder Bleistift hinunter.

4 Nähen Sie nun den Arm bis zum Ende weiter zusammen. Fügen Sie gegebenenfalls noch etwas Füllung hinzu.

5 Verknoten Sie das Fadenende und schieben Sie die Nadel durch den Saum, um ihn zusätzlich zu sichern. So bleibt ein Stück Restfaden hinter dem Knoten im Inneren des Arms zurück.

6 Schneiden Sie das sichtbare Fadenende nah an der Naht ab, um sie sauber abzuschließen.

Kopf und Gesicht gestalten

Für dieses Schritt-für-Schritt-Beispiel nehmen wir den Waschbär.

1 Stellen Sie sicher, dass Sie alle Einzelteile ausgeschnitten haben. Nähen Sie die beiden Hinterkopf-Teile am hinteren Saum zusammen, die beiden Vorderteile am vorderen Saum. Nähen Sie nun jeweils die beiden Teile der Ohren zusammen. Auch hier habe ich zur besseren Sichtbarkeit der Naht einen kontrastreichen Faden verwendet; für das eigentliche Projekt habe ich farblich passende Fäden benutzt.

2 Nähen Sie mittels Überwendlingsstich die Stirn in der Mitte des Vorderteils ein. Achten Sie darauf, dass die spitze Nase sauber in das Vorderteil passt.

3 Legen Sie die Augenmaske auf das Gesicht und nähen Sie sie mit dem Überwendlingsstich fest.

4 Legen Sie die Filzstücke für die Augen auf die Maske und nähen Sie sie mit dem Überwendlingsstich fest.

Augen nähen (Französischer Knoten)

Das ist ein sehr wichtiger Schritt, da die Position der Pupille den Ausdruck Ihres Tiers völlig verändern kann. Denken Sie darüber nach und experimentieren Sie ruhig ein wenig. In diesem Beispiel habe ich die Pupillen etwas weiter seitlich gesetzt, um einen frechen Ausdruck zu erreichen.

1 Verwenden Sie für die Pupille ein dickeres Garn als sonst (drei oder vier Fäden). Denken Sie daran, das Fadenende zu verknoten, und führen Sie die Nadel von innen durch das Auge, genau an der Stelle, an der die Pupille sitzen soll.

2 Spannen Sie den Faden, recht fest, aber nicht zu hoch über dem Auge, und wickeln Sie ihn dreimal um Ihre Nadel.

3 Halten Sie den Faden weiter fest und schieben Sie die Nadel wieder in den Filz, sehr nah an der Austrittsstelle. Halten Sie den Faden dabei die ganze Zeit über gespannt, damit der gewickelte Teil und der Knoten an Ort und Stelle bleiben.

4 Ziehen Sie die Nadel durch den Filz, und lassen den Faden los, wenn der Knoten für die Pupille an der richtigen Stelle sitzt.

5 Wenn Sie die Nadel vollständig durchgezogen haben, sollte der Französische Knoten dreidimensional aussehen – perfekt für die Pupille. Wiederholen Sie den Vorgang für das andere Auge und verknoten Sie die Enden auf der Rückseite.

Die Nase nähen

Die meisten Filztiere haben eine kleine Knopfnase, die ihnen jede Menge Charakter verleiht. Wie bei den Augen brauchen Sie ein Stück Garn aus drei bis vier Fäden.

1 Verknoten Sie das Ende und stechen Sie die Nadel von innen nach außen durch den Filz, sodass sie an einer Seite der Nase herauskommt.

2 Führen Sie die Nadel von der gegenüberliegenden Seite aus quer durch den Filz der Nase.

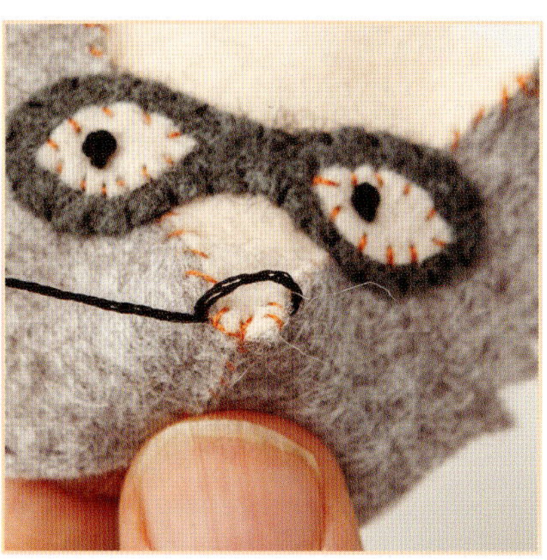

3 Ziehen Sie den Faden stramm, aber nicht zu sehr, um die Nase nicht zu quetschen.

4 Führen Sie die Nadel immer wieder von einer Seite zur anderen durch die Nase. Setzen Sie die Stiche nah beieinander; sie dürfen sich dabei überlappen. So baut sich Stück für Stück die Nase auf.

5 Stellen Sie sicher, dass keine Lücken zwischen den Fäden entstehen. Wenn nötig, stechen Sie die Nadel ein paar Mal von außen nach innen durch das Knäuel, bis Sie mit der Knopfnase zufrieden sind. Verknoten Sie das Fadenende im Inneren des Kopfes.

Den Mund nähen (Steppstich)

Das Lächeln des Filztieres ist genauso wichtig wie die Augen; es kann den Gesichtsausdruck völlig verändern. Für den Mund verwende ich den Steppstich. Sie können den Mund mit einem Bleistift vorzeichnen, wenn Sie mit einer Hilfslinie arbeiten möchten. Verwenden Sie ein Garn aus drei bis vier Fäden für ein kräftigeres Ergebnis.

1 Verknoten Sie das Fadenende im Inneren des Kopfes und schieben Sie die Nadel auf Mundhöhe durch den Filz nach vorne.

2 Stechen Sie die Nadel etwa eine Stichlänge versetzt (rund 3 mm) hinter der Austrittsstelle (A) wieder durch den Filz (B), und führen Sie die Nadel etwas vor der Austrittsstelle (A) wieder nach vorne (C).

3 Ziehen Sie den Faden stramm, sodass Ihr erster Stich entsteht.

4 Gehen Sie weiter so vor – hinter der Stelle, an der die Nadel hervorkommt, nach innen und vor der Stelle wieder nach außen –, sodass eine durchgezogene Linie von Steppstichen entsteht.

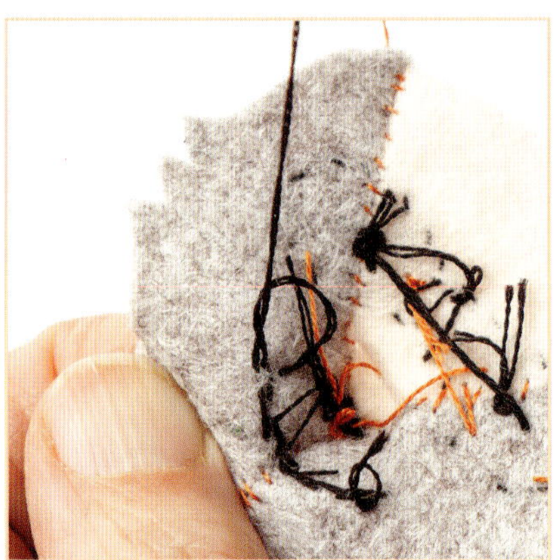

5 Beenden Sie die Naht auf der Rückseite und sichern Sie sie mit einem Knoten. Schneiden Sie das Fadenende so ab, dass etwas Faden hinter dem Knoten übrig bleibt. Wie Sie sehen, muss die Rückseite nicht hübsch aussehen. Sie verschwindet später im Inneren. Viel wichtiger ist, dass Sie den Faden nicht zu nah am Knoten abschneiden, damit er sich nicht löst.

6 Damit ist das Gesicht des Waschbären auch schon fertig, und bereits jetzt ist er voller Leben und Charakter!

Den Kopf fertigstellen und die Ohren anfügen

1 Die breite Seite der Ohren kommt zwischen Vorder- und Rückseite des Kopfes. Beim Zusammennähen des Kopfes werden sie mit eingenäht.

2 Legen Sie die Ohren zunächst beiseite. Nähen Sie Vorder- und Rückseite des Kopfes mit dem Überwendlingsstich zusammen. Beginnen Sie dabei an einer Seite des Halses und nähen bis zu der Stelle, an der ein Ohr hineingehört. Schneiden Sie den Faden nicht ab.

3 Stecken Sie das Ohr zwischen die beiden Kopfteile und halten Sie es fest. Wenn Sie möchten, können Sie es auch feststecken.

4 Stechen Sie die Nadel durch alle Filzschichten und achten Sie darauf, dabei auch die Unterseite des Ohres zu erwischen.

5 Stechen Sie die Nadel nun nur durch das Ohr, direkt am Rand des Filzkopfteils.

6 Nähen Sie weiter im Wechsel durch den Kopf und das Ohr. Stellen Sie sicher, dass das Ohr dabei sicher festgenäht wird. Nähen Sie um den ganzen Kopf herum bis zur anderen Seite des Halses und fügen Sie dabei das andere Ohr auf die gleiche Weise ein.

7 Lassen Sie den Hals offen und stopfen Sie den Kopf mit Füllung aus. Formen Sie dabei auch die Nase.

Den Kopf an den Körper nähen

1 Hierfür brauchen Sie einen ausgestopften Kopf und Körper. Nähen Sie mit einem einzelnen Faden.

2 Führen Sie Ihre Nadel von innen nach außen durch den Hals, sodass der Knoten innen verschwindet. Ich fange gerne hinten am Kopf an, damit die Vorderseite hübsch bleibt.

3 Setzen Sie den Kopf so auf den Körper, dass die Rücken- und Seitennähte zusammenpassen.

4 Stechen Sie die Nadel direkt unter der Austrittsstelle in den Körper. Führen Sie die Nadel neben dem Faden im Kopf wieder heraus.

5 Ziehen Sie den Faden straff, sodass der erste Stich entsteht.

6 Nähen sie rund um den Hals so weiter. Stellen Sie sicher, dass die Rücken- und Seitennähte weiterhin zusammenpassen. Nähen Sie in kleinen, regelmäßigen Stichen. Achten Sie darauf, dass Sie den Körper nicht zu sehr in den Kopf schieben. Das passiert schnell, wenn man die beiden zusammenhält und dabei näht. Prüfen und korrigieren Sie Ihre Arbeit, während Sie nähen, regelmäßig.

7 Beenden Sie die Naht mit einem Knoten auf der Rückseite und stechen Sie die Nadel wie beim Arm durch den Saum. Schneiden Sie den Faden ab.

Die Arme und Beine an den Körper nähen

1 Verwenden Sie dickes Garn aus drei oder vier Fäden. machen Sie einen Doppelknoten in das Ende und lassen Sie dabei etwa 8 cm am Fadenende überstehen. Schneiden Sie dieses Stück erst ganz am Schluss ab.

2 Stechen Sie die Nadel auf Schulterhöhe von einer Seite zur anderen dort durch den Körper, wo die Arme später sein sollen.

3 Stechen Sie die Nadel durch das obere Ende eines Arms. Wir werden einen Kreuzstich machen (X); die Nadel soll hier also durch die obere linke Ecke eines gedachten Kreuzes gehen. Ziehen Sie den Faden vollständig durch.

4 Halten Sie den Arm fest gegen den Körper gedrückt und stechen Sie die Nadel an der rechten unteren Ecke des Kreuzes zurück durch den Arm.

5 Schieben Sie die Nadel durch den Körper bis zur anderen Seite.

6 Stechen Sie die Nadel durch den zweiten Arm in die untere rechte Ecke des gedachten Kreuzes. Ziehen Sie den Faden vollständig durch.

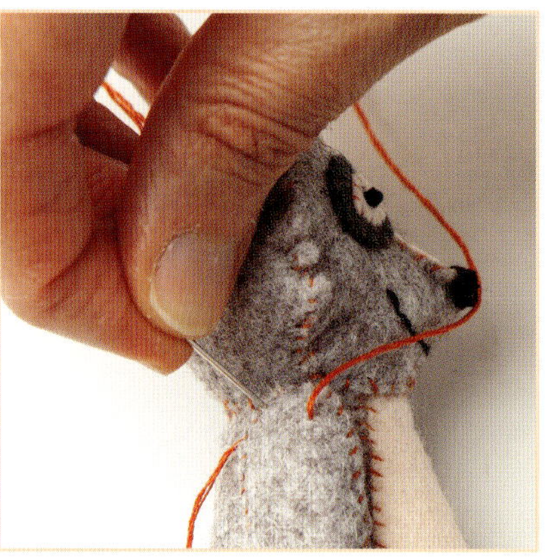

7 Halten Sie den Arm fest gegen den Körper gedrückt und stechen Sie die Nadel an der linken oberen Ecke des Kreuzes zurück durch den Arm.

8 Schieben Sie die Nadel durch den Körper und den anderen Arm, sodass sie in der oberen rechten Ecke des Kreuzes herauskommt.

9 Vollenden Sie das Kreuz, indem Sie die Nadel durch die untere linke Ecke stechen. Schieben Sie die Nadel durch den Körper und den anderen Arm, sodass sie in der unteren linken Ecke herauskommt. Stechen Sie sie in der oberen rechten Ecke des Kreuzes wieder hinein, durch den Körper und in den anderen Arm. Nun sollten beide Arme mit einem Kreuzstich am Körper befestigt sein. Wiederholen Sie das Ganze noch einmal, um die Naht zu festigen. Versuchen Sie dabei wenn möglich, durch die vorherigen Nadellöcher zu stechen, damit das Ergebnis schön sauber aussieht.

10 Stechen Sie zum Abschluss die Nadel nur durch den Arm, sodass der Faden zwischen Arm und Körper liegt.

11 Schlingen Sie den Faden ein paar mal zwischen Arm und Körper um das „Schultergelenk", wie Sie es auch beim Annähen eines Knopfes tun würden.

12 Stechen Sie die Nadel durch den Körper in den anderen Arm.

13 Wiederholen Sie die Prozedur an diesem Arm.

14 Verknoten Sie das Fadenende fest mit dem Fadenende des ersten Stichs. Schneiden Sie die überstehenden Enden ab.

15 Nun sind beide Arme am Körper befestigt und können sanft in die gewünschte Position bewegt werden.
Für die Beine gehen Sie ganz genauso vor. Achten Sie nur darauf, dass beide Füße nach vorne zeigen, wenn Sie die Beine annähen.

DIE KLEIDUNG NÄHEN

Sämtliche Näharbeiten für die Kleidung werden mit ein- bis zweifädigem Garn durchgeführt.

Kurze und lange Hosen nähen

Schneiden Sie zunächst mithilfe der entsprechenden Schablone die Filzstücke aus.

1 Falten Sie ein Bein so in der Mitte, dass die Innenkanten aufeinanderliegen.

2 Nähen Sie die Innenkanten mittels Überwendlingsstich zusammen, den Knoten nach innen. Verknoten Sie die Naht und schneiden Sie den Faden ab.

3 Wiederholen Sie den Vorgang für das andere Bein. Achten Sie darauf, es spiegelverkehrt zu nähen, sodass beide Beine beim Zusammennähen zusammenpassen.

4 Legen Sie beide Vorderkanten aneinander.

5 Nähen Sie die Vorderkanten von der Hüfte abwärts mittels Überwendlingsstich zusammen. Verstecken Sie dabei den Knoten innen.

6 Nähen Sie rundherum weiter, bis Sie zum Loch für den Schwanz kommen.

7 Wenn Sie die Unterseite des Lochs erreicht haben, verknoten Sie die Naht und schneiden Sie den Faden ab.

8 Schneiden Sie ein kleines Klettbandquadrat aus (etwas weniger als 1 cm) und kleben Sie eine Hälfte wie auf dem Bild an die Hose. Verwenden Sie Stoffkleber oder guten Weißleim.

9 Setzen Sie die zweite Hälfte des Klettbandes auf die erste und geben Sie etwas Kleber darauf.

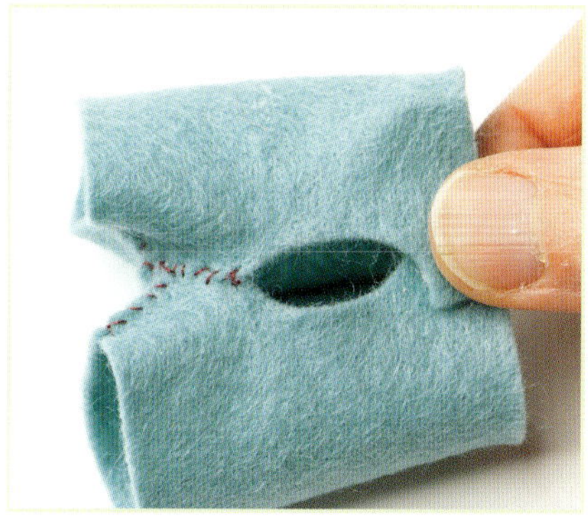

10 Drücken Sie die andere Seite des Hüftteils darauf und halten Sie alles eine Weile fest, bis es von alleine hält. Lassen Sie den Kleber trocknen.

11 Wenn Sie Hosenaufschläge möchten, falten Sie einfach die Enden der Beine um.

12 Verwenden Sie nun ein dickeres Garn aus zwei bis drei Fäden. Verstecken Sie den Knoten in der Falte des Aufschlags und holen Sie die Nadel durch den Aufschlag nach vorne.

13 Stechen Sie die Nadel im Reihstich durch beide Filzschichten, um den Aufschlag oben zu halten. Der Reihstich ist eine einfache Rein-raus-Naht, die eine gestrichelte Fadenlinie erzeugt.

14 Nähen Sie einmal um das Bein herum und verknoten Sie das Ende, wenn Sie wieder am Startpunkt angekommen sind. Wiederholen Sie das Ganze für das andere Bein.

15 Ziehen Sie Ihrem Tier die Hose an. Achten Sie darauf, den Schwanz vorsichtig durchzufädeln. Sie können die Hose so lassen oder Hosenträger hinzufügen.

16 Verwenden Sie für die Hosenträger ein Stück Band (etwa 15 cm für ein erwachsenes Tier). Legen Sie ein Ende seitlich vorne auf die Hose. Verstecken Sie den Knoten innen und stechen Sie die Nadel durch Filz und Band nach außen. Wir nähen mit Kreuzstich; die Nadel sollte also in der oberen linken Ecke des Kreuzes herauskommen und in der unteren rechten Ecke wieder zurück durch Band und Filz gestochen werden.

17 Bringen Sie die Nadel in der unteren linken Ecke des Kreuzes durch beide Stoffe wieder nach außen und durch die obere rechte Ecke wieder nach innen. So entsteht der Kreuzstich.

18 Festigen Sie den Stich durch ein paar Wiederholungen, dann verknoten Sie das Ende innen.

19 Legen Sie das Band über die Schulter und den Rücken zur gegenüberliegenden Seite.

20 Befestigen Sie es mittels Kreuzstich an der Hüfte, genau wie vorne. Schneiden Sie das Band unter dem Kreuzstich ab, nicht zu kurz.

21 Gehen Sie genauso für die andere Seite vor und kreuzen Sie die Hosenträger auf dem Rücken.

So sieht es am Schluss aus.

EIN KLEID NÄHEN

Beginnen Sie mit dem Ausschneiden des Filzes mithilfe der entsprechenden Schablone.

1 Falten Sie das Kleid an den Schultern so, dass die seitlichen Kanten aufeinanderliegen. Wenn Sie möchten, können Sie sie auch feststecken.

2 Vernähen Sie die Kanten einer Seite mittels Überwendlingsstich und verstecken Sie den Knoten dabei im Inneren des Kleids (zwischen den beiden Filstücken).

3 Beenden Sie die Naht direkt unter dem Armloch mit einem Knoten.

4 Wiederholen Sie den Vorgang auf der anderen Seite. Sie können das Kleid so lassen, wenn Sie möchten, oder den Rand mittels Languettenstich (s. nächster Schritt) umnähen.

Rand mit Languettenstich umnähen

5 Beginnen Sie mit einem Knoten am unteren Rand auf der Innenseite des Kleids und schieben Sie die Nadel nach außen durch.

6 Führen Sie die Nadel um den Filz herum und von hinten noch einmal durch das Loch, sodass eine Schlaufe entsteht. Führen Sie die Nadel durch die Schlaufe und ziehen Sie den Faden fest. Das ist der erste Stich.

7 Stechen Sie die Nadel von hinten durch den Filz, etwas neben dem ersten Stich. Ziehen Sie den Faden nicht fest, sondern lassen Sie eine Schlaufe stehen.

8 Fädeln Sie die Nadel durch die Schlaufe und ziehen Sie den Faden fest.

9 Setzen Sie die Stiche weiter wie bisher, sodass der Rand von einem Languettenstich eingefasst wird.

10 Umnähen Sie den gesamten Rand des Kleides. Wenn Sie wieder am Anfang angelangt sind, schieben Sie die Nadel durch den ersten Stich, sodass das Ende sauber aussieht. Schließen Sie mit einem Knoten ab.

11 Kleben Sie im oberen Teil des Kleids ein kleines Stück Klettband an, um es zu schließen. Folgen Sie dafür der Anleitung für Hosen auf S. 25.

EINEN ROCK NÄHEN

Schneiden Sie zunächst den Bund aus Filz und den Rock aus Baumwollstoff aus. Ein Erwachsenen-Rock misst 20,7 × 10,2 cm und wird auf der Hälfte der Breite gefaltet. Der Bund misst 2 x 14 cm, und auch er wird auf der Hälfte der Breite gefaltet.

Ein Rock für Kinder misst 5,5 × 11,2 cm, der Bund 1,5 × 8,3 cm.

1 Falten Sie den Baumwollstoff längs mittig um. Fahren Sie die Falzkante mit dem Finger nach, oder bügeln sie. Die Falzkante wird der untere Rand des Rocks.

2 Nähen Sie mittels Reihstich beide Lagen der offenen Seite mit langen Stichen zu. Bleiben Sie dabei nah am Rand.

3 Nähen Sie die gesamte Länge der Schnittkante entlang, aber machen Sie am Ende keinen Knoten.

4 Ziehen Sie sanft am Faden, um den Stoff zu raffen. Ziehen und verteilen Sie so lange gleichmäßig, bis der Rock etwas kürzer als der Bundfilz ist. Machen Sie nun einen Knoten und schneiden Sie den Faden ab.

5 Falten Sie den Bund längs um und legen Sie ihn so um den gerafften Rand des Rocks, dass die Naht verdeckt wird.

6 Verteilen Sie die Falten gleichmäßig und stecken Sie den Bund fest. Er wird auf einer Seite etwas länger sein.

7 Nähen Sie den Bund mittels Reihstich fest. Achten Sie darauf, jeweils den Baumwollstoff und beide Lagen Filz zu durchstechen.

8 Schneiden Sie ein kleines Stück Klettband ab und kleben Sie es wie bei den Hosen innen an den Bund. So wird den Rock geschlossen, und der Schwanz passt durch die Lücke.

So sieht fertige Rock aus.

JACKE/MANTEL NÄHEN

Schneiden Sie alle Filzstücke aus: ein Rückenteil, zwei Seitenteile und zwei Ärmel.

1 Falten Sie den Ärmel mittig und schließen die Kanten mit Überwendlingsstichen. Den Knoten innen verstecken.

2 Wiederholen Sie den Vorgang für den anderen Ärmel.

3 Legen Sie ein Seitenteil auf das Rückenteil und vernähen Schulter und Seite mit Überwendlingsstichen.

4 Wiederholen Sie den Vorgang für das andere Seitenteil.

5 Jetzt kommen die Ärmel an die Armlöcher.

6 Stechen Sie die Nadel am Ende der Seitennaht von innen nach außen durch den Filz. Verstecken Sie dabei den Knoten innen.

7 Legen Sie den Ärmel auf das Armloch, sodass die Nähte übereinstimmen, und nähen Sie ihn rundherum mittels Überwendlingsstich fest.

8 Nähen Sie weiter, bis Sie wieder am ersten Stich ankommen, sodass der Ärmel sicher festgenäht ist.

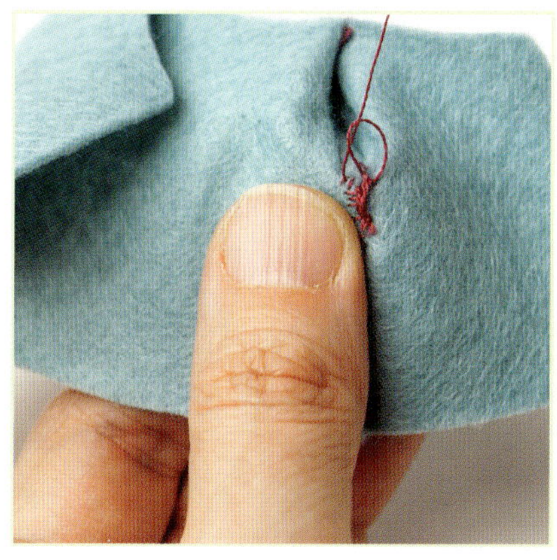

9 Stechen Sie die Nadel zum Schluss durch den Filz nach innen und machen Sie einen Knoten. Nähen Sie den anderen Ärmel genauso fest.

10 Schieben Sie die Nadel mit dem Knoten nach innen durch den Filz und den Knopf.

11 Fädeln Sie die Nadel durch das zweite Knopfloch und zurück durch den Filz nach innen. Wiederholen Sie den Vorgang ein paar Mal, damit der Knopf fest sitzt, dann schließen Sie innen mit einem Knoten ab.

12 Wenn Sie möchten, fügen Sie einen zweiten Knopf hinzu.

13 Schlagen Sie die Aufschläge für einen trendigen Look um.

Die fertige Jacke,
von Frau Hase getragen.

DIE PROJEKTE

Familie Waschbär

Waschbären sind als freundliche Banditen des Waldes bekannt. Sie lieben ein gutes Geschäft oder gar, etwas umsonst zu bekommen. Als Familie durchstöbern sie mit Vorliebe die Nachbarschaft, und sie sind sehr gut darin, Dinge zu reparieren und zu recyceln. Heute haben sie im Wald Essbares gesammelt. Sie haben viele Pilze für Pasteten gefunden, die Herr Waschbär besonders mag. Langsam sieht man ihm das auch ein wenig an. Frau Waschbär ist stolz darauf, dass sie einen ganzen Beutel voller wilder Erdbeeren an einem versteckten Fleckchen, das nur sie kennt, gesammelt hat. Was für ein erfolgreicher Spaziergang das war!

DAS BRAUCHEN SIE

MATERIAL

- Filz: grau 50 × 30 cm, weiß 15 × 15 cm, schwarz 10 × 10 cm, rot 25 × 10 cm, gelb 20 × 20 cm, türkis 12 × 10 cm, braun 10 × 10 cm
- Baumwollstoff: für Fräulein Waschbär 13 × 6 cm; für das Bündel 10 × 10 cm
- Stickgarn in Grau, Schwarz, Rot, Grün und Weiß
- 5 mm breites Band mit Vichy-Karo, 50 cm lang, und 3 mm breites Band, 10 cm lang, für das Kleid
- 20 cm Zackenlitze (optional)
- Lederband (oder gewachste Schnur), 10 cm lang
- Zwei kleine Knöpfe (optional)
- 60 g Spielzeugfüllung

ARBEITSMITTEL

- Scheren (Papier-, Stoff- und Stickschere)
- Kugelschreiber oder Bleistift
- Sticknadel
- Stecknadeln

ACCESSOIRES

- Kleine Tannenzapfen, Plastikpilze (optional) und Zweige

HINWEIS

Alle Nähte werden mit dem Überwendlingsstich ausgeführt, sofern nicht anders angegeben. Verwenden Sie Stickgarn aus ein oder zwei Fäden (s. S. 11 für eine Anleitung, wie man Garn teilt).

KÖRPERSCHABLONEN (S. 79–80)

- Für die Waschbären brauchen Sie je:
  2 graue Körper-Teile
  1 weißen Bauch
  2 graue Schwänzchen
  schwarze Schwanzstreifen: 3 für Herrn Waschbär, 2 für die übrigen Familienmitglieder
  2 graue Kopf-Teile
  2 graue Kinn-Teile
  1 weiße Stirn
  1 schwarze Augenmaske
  2 weiße Augen
  2 graue Ohren
  2 weiße Ohreninnere
  4 graue Arm-Teile
  4 graue Bein-Teile
  2 schwarze Sohlen
- Accessoires: Eimer und Bündel

R

ANLEITUNG

1 » Schneiden Sie die Schablonen aus und übertragen Sie sie auf den Filz.

2 » Fangen Sie mit dem Schwanz an: Legen Sie die schwarzen Streifen auf die grauen Schwanzteile und nähen Sie sie mit ein paar Stichen fest. Die Streifen sind länger als nötig. Schneiden Sie die überstehenden Enden einfach ab, wenn Sie die Streifen befestigt haben. Nähen Sie die beiden Schwanzteile zusammen. Stopfen Sie den Schwanz mit Füllung aus, bevor Sie ihn zunähen.

3 » Legen Sie den Schwanz an der auf den Schablonen markierten Stelle zwischen die beiden Körper-Teile und folgen Sie für den Körper der Anleitung auf S. 12–13. Setzen Sie den weißen Bauch ein und stopfen Sie ihn mit Füllung aus. Alle Familienmitglieder sollten schöne runde Bäuche haben.

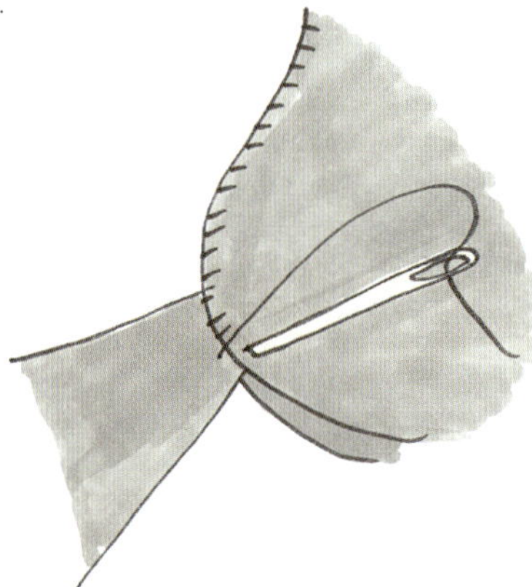

4 » Nähen Sie die Arme wie auf S. 14 beschrieben, und die Beine wie folgt: Legen Sie zwei Bein-Teile aufeinander und nähen Sie von der Ferse bis zur Vorderseite des Fußes. Stopfen Sie das Bein aus und setzen Sie die Sohle wie unten gezeigt ein. Nähen Sie sie einmal rundherum fest. Wiederholen Sie alles für das andere Bein.

5 » Nähen Sie das Gesicht wie auf S. 15–18 beschrieben. Wenn Sie möchten, können Sie Herrn Waschbär auch einen kleinen Drei-Tage-Bart verpassen, indem Sie mit schwarzem Garn ein paar Französische Knoten hinzufügen.

6 » Nähen Sie den Kopf wie auf S. 19 beschrieben und stopfen Sie ihn schön rund aus, bevor Sie ihn am Körper festnähen.

7 » Fügen Sie die Arme und Beine wie auf S. 21–23 beschrieben hinzu. Damit ist Ihr Waschbär anziehfertig!

8 » Der Waschbärennachwuchs entsteht ganz genauso, einfach in etwas kleinerem Maßstab.

KLEIDUNG UND ACCESSOIRES

Latzhose

1 » Schneiden Sie für Herrn Waschbär mithilfe der Schablone auf S. 93 einfach ein Paar kurze Hosen in Türkis aus (zwei Teile). Folgen Sie der Anleitung auf S. 24–26. Fügen Sie Hosenträger mit Knöpfen hinzu oder nähen Sie sie einfach mittels Kreuzstich fest.

2 » Schneiden Sie mithilfe der Schablone auf S. 93 ein Halstuch aus rotem Filz aus und legen Sie es ihm um den Hals.

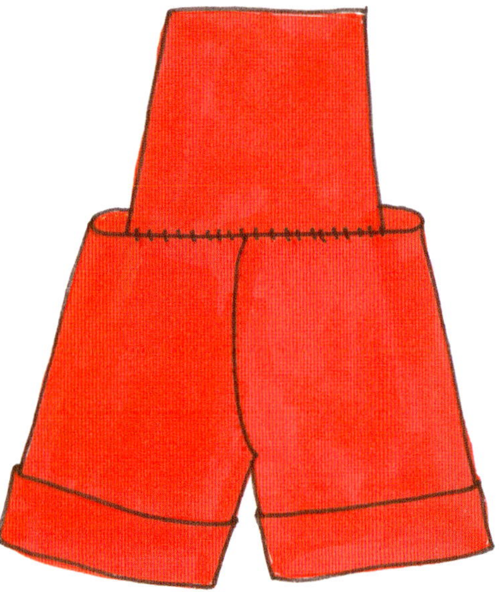

3 » Schneiden Sie für den kleinen Waschbären mithilfe der Schablonen auf S. 95–96 zwei Stücke für die roten kurzen Hosen sowie einen roten Latz aus. Folgen Sie der Anleitung auf S. 24–26 und fügen Sie den Latz wie hier abgebildet hinzu.

4 » Fügen Sie die Hosenträger wie auf S. 26 beschrieben hinzu, nur vom oberen Ende des Latzes aus über den Rücken.

Kleider

1 » Für Frau Waschbär schneiden Sie mithilfe der Schablone auf S. 94 ein Kleid aus gelbem Filz aus und folgen der Anleitung auf S. 27–28, um es fertigzustellen. Sie können es wie in der Anleitung mittels Languettenstich einfassen oder zur Verzierung am Saum ein Band annähen. Ich habe ein kleines Stück Zackenlitze mit schmalem Reihstich angenäht.

2 » Sie können vorne auch eine kleine Erdbeere hinzufügen. Schneiden Sie mithilfe der Schablonen auf S. 94 eine rote Erdbeere und ein grünes Blatt aus. Befestigen Sie die Erdbeere mit grünem Garn und Französischen Knoten am Kleid, sodass sie wie Samen aussehen. Fügen Sie das Blatt hinzu und nähen Sie es am oberen Rand mit ein paar Stichen fest.

3 » Für Fräulein Waschbär schneiden Sie einen Rock aus einem Stoff Ihrer Wahl aus und einen Bund aus rotem Filz. Verwenden Sie die Maße von S. 28. Schneiden Sie mithilfe der Schablone auf S. 96 einen Latz aus rotem Filz aus.

4 » Folgen Sie für den Rock mit Filzbund der Anleitung auf S. 28–29.

5 » Befestigen Sie den Latz mit Reih- oder Überwendlingsstichen vorne am Rock.

6 » Fügen Sie wie auf S. 26 beschrieben Hosenträger hinzu, nur vom oberen Ende des Latzes aus über den Rücken.

Eimer

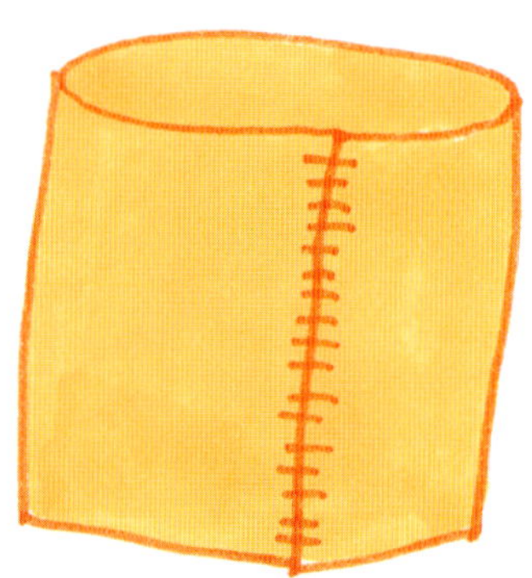

1 » Schneiden Sie mithilfe der Schablone auf S. 91 ein Boden- und ein Seitenteil aus gelbem Filz aus.

2 » Rollen Sie das Seitenteil in Zylinderform und nähen Sie die kurzen Seiten wie hier dargestellt zusammen.

3 » Nähen Sie den Boden mit Überwendlingsstichen daran fest.

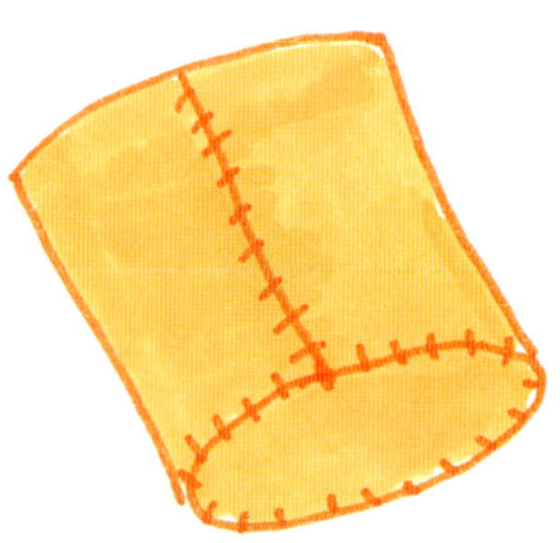

4 » Schneiden Sie ein 10 cm langes Stück Lederband oder gewachste Schnur zu, verknoten Sie die Enden und nähen Sie sie wie hier dargestellt oben am Eimer fest.

5 » Füllen Sie ihn mit kleinen Tannenzapfen, Plastikpilzen oder anderen Kleinigkeiten.

R

Bündel

1 » Schneiden Sie ein 10 × 10 cm großes Stück Stoff oder Filz zu. Legen Sie eine Kugel aus Füllung in die Mitte und nehmen Sie die Ecken auf. Binden Sie ein Stück Band oder Schnur wie hier dargestellt darum. Achten Sie darauf, alle vier Ecken zu erwischen und keine Lücken zu lassen. Sichern Sie das Bündel mit einem Doppelknoten.

2 » Das Bündel können Sie mithilfe der Bandenden an der Hand eines der Waschbären oder an einem Zweig befestigen. Wenn Sie möchten, setzen Sie noch einen kleinen Plastikpilz oder Tannenzweig oben drauf, sodass es aussieht, als würde er herausschauen.

Familie Bär

Die Bärenfamilie liebt es, ihre Zeit draußen zu verbringen. Sie gehen campen, wandern, klettern und segeln. Es gibt immer etwas zu tun. Heute machen sie sich auf eine sehr lange Wanderung in den Bergen auf. Herr Bär hat die Tour auf seiner Karte geplant, und er versucht, den Zeitplan einzuhalten. Er liebt es, all die Tiere und seltenen Pflanzen, denen sie begegnen, festzuhalten. Für den heutigen Tag erhofft er sich, die Biber am Fluss zu erspähen, aber Frau Bär fragt ständig, ob sie nicht eine Snack-Pause machen können, und die kleinen Bären laufen dauernd davon, um Steine und Blumen zu sammeln. Keine leichte Aufgabe, alle beisammen zu halten!

Das brauchen Sie

Material

- Filz: braun 50 × 30 cm, beige 15 × 15 cm, gelb 25 × 20 cm, grün 10 × 4 cm, blaugrün 15 × 10 cm, dunkelbraun 20 x 10 cm, weiß 3 × 2 cm, dunkelgrau oder schwarz 6 × 6 cm
- Stickgarn in Braun, Gelb Grün, Schwarz und Blau
- 5 mm breites Band, 25 cm lang
- 12 cm langes Lederband oder gewachste Schnur
- 70 g Spielzeugfüllung
- Klettband

Arbeitsmittel

- Scheren (Papier-, Stoff- und Stickschere)
- Kugelschreiber oder Bleistift
- Sticknadel
- Stecknadeln
- Weißleim

Körperschablonen (S. 81–82)

- Für die Erwachsenden und für die Kleinen brauchen Sie je:
  1 braunes Körper-Vorderteil
  2 braune Körper-Rückenteil
  1 beigen Bauch
  4 braune Kopf-/Gesichts-Teile
  4 braune Arm-Teile
  1 beige Nase
- Erwachsene je: 2 braune Ohren und 2 beige Ohreninnere
- Kleine Bären je: 2 braune Ohren und 2 beige Ohreninnere
- Für Baby Bär brauchen Sie:
  2 braune Körper-Teile
  1 beigen Bauch
  2 braune Ohren
  2 beige Ohreninnere
  1 beige Nase
- Accessoires: Umhängetasche, Babytrage, Rucksack und Fernglas

ANLEITUNG

1 » Schneiden Sie die Schablonen aus und übertragen Sie sie auf den Filz.

2 » Legen Sie den Bauch auf das Vorderteil und nähen Sie ihn mit kleinen, geraden Stichen oder Languettenstichen fest. Fügen Sie bei Herrn Bär mit Reihstich gestrichelte Linien in Braun hinzu, die wie Fell aussehen. Das können Sie natürlich bei allen Bären machen.

3 » Fügen Sie die Körper-Rückenteile mit Überwendlingsstichen entlang der Rückennaht vom Hals abwärts bis Punkt A zusammen (s. S. 12 für die Anleitung).

4 » Öffnen Sie die Rückenteile und nähen Sie das Vorderteil mittels Überwendlingsstich wie auf S. 13 beschrieben ein. Stopfen Sie den Körper aus.

5 » Nähen Sie die Arme zusammen und stopfen Sie sie wie auf S. 14 beschrieben aus. Das dickere Ende ist dabei die Pfote.

6 » Nähen Sie die Kopf-Teile entlang der Mittelnaht zusammen. Schließen Sie den Abnäher in der Nase (s. S. 13) und legen Sie die Nase auf das Gesicht. Fügen Sie etwas Füllung hinzu und nähen Sie die Nase mit Überwendlingsstichen an das Gesicht. Fügen Sie zwei große Französische Knoten für die Augen hinzu. Sticken Sie mit Flachstich eine dreieckige Nase und mit Steppstich den Mund hinzu.

Herr Bär

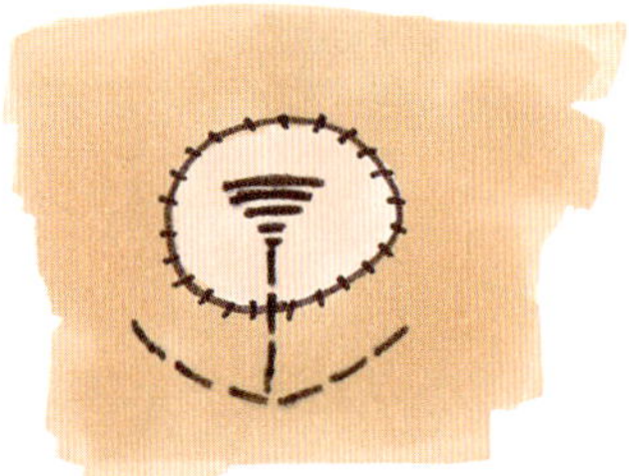

Frau Bär

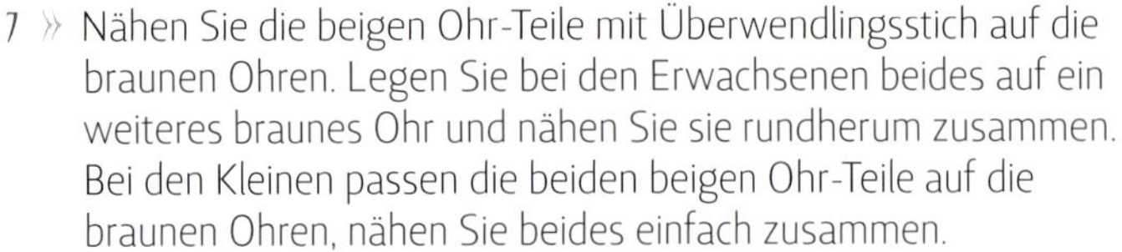

7 » Nähen Sie die beigen Ohr-Teile mit Überwendlingsstich auf die braunen Ohren. Legen Sie bei den Erwachsenen beides auf ein weiteres braunes Ohr und nähen Sie sie rundherum zusammen. Bei den Kleinen passen die beiden beigen Ohr-Teile auf die braunen Ohren, nähen Sie beides einfach zusammen.

8 » Nähen Sie die beiden Hinterkopf-Teile entlang der Mittelnaht zusammen. Richten Sie den Hinterkopf am Gesicht aus, setzen Sie die Ohren wie auf S. 19 beschrieben ein und nähen sie Hinterkopf und Gesicht entlang der Seitennaht zusammen. Lassen Sie dabei den unteren Teil offen. Stopfen Sie den Kopf für eine schöne runde Form mit Füllung aus und nähen Sie den Kopf wie auf S. 20 beschrieben an den Körper.

9 » Befestigen Sie die Arme wie auf S. 21 beschrieben am Körper. Damit ist Ihr Bär anziehfertig!

Baby Bär

1 » Schneiden Sie die Schablonen aus und übertragen Sie sie auf den Filz.

2 » Nähen Sie die beigen Ohr-Teile mit Überwendlingsstich auf die braunen.

3 » Verschließen Sie den Abnäher in der Nase und befestigen Sie die Nase im Gesicht, genau wie bei den Erwachsenen.

4 » Sticken Sie Augen, Nase und Mund wie bei den Erwachsenen.

5 » Fügen Sie die Körper-Rückenteile mit Überwendlingsstichen zusammen, setzen Sie die Ohren ein und stopfen Sie das Baby für eine schöne Form mit Füllung aus.

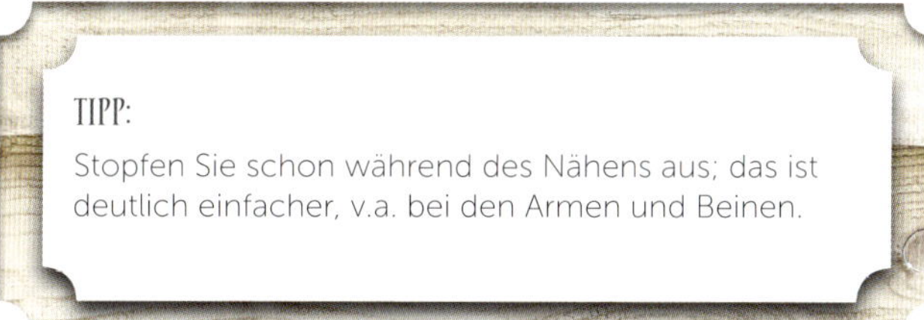

TIPP:

Stopfen Sie schon während des Nähens aus; das ist deutlich einfacher, v.a. bei den Armen und Beinen.

Fräulein Bär, Baby Bär und der kleine Bär

KLEIDUNG UND ACCESSOIRES

Kurze Hosen

1 » Schneiden Sie für ein Paar kurze Hosen mithilfe der Schablone auf S. 95 zwei gelbe Filzstücke aus. Herr Bär hat zwei gelbe Taschen und Frau Bär einen gelben Latz mit einer gelben Tasche.

2 » Nähen Sie die Taschen mittels Reihstich auf die kurzen Hosen. Orientieren Sie sich für deren Position an der Schablone. Fügen Sie die Tasche auf dem Latz genauso hinzu.

3 » Folgen Sie für die kurzen Hosen der Anleitung auf S. 24–26.

4 » Nähen Sie den Latz für Frau Bär an (s. rechts).

5 » Schneiden Sie für den Gürtel an den kurzen Hosen der Erwachsenen je ein Stück braunen Filz aus, so lang wie der Hosenbund – etwa 18 × 1 cm. Nähen Sie den Gürtel mit gelbem Garn mit Reihstich am oberen Rand fest.

6 » Die Hosenträger für den Latz können Sie aus zwei Streifen braunem Filz, etwa 7 mm breit und 10 cm lang, oder aus Band anfertigen. Schneiden Sie sie aus und nähen Sie sie mit Kreuzstich und gelbem Garn oben an den Latz und hinten an die Hose.

7 » Krempeln Sie bei Frau Bär und dem kleinen Bären die Hosenaufschläge um und nähen Sie sie mit Reihstich fest.

Rock

1 » Schneiden Sie für Fräulein Bär einen Rockbund aus braunem Filz (11 x 1,5 cm) und einen Rock aus gelbem Filz (5,5 × 11,2 cm) aus.

2 » Folgen Sie für den Rock der Anleitung auf S. 28–29 – mit einem Unterschied: Da der gelbe Filz viel dicker ist als Stoff und nicht ausfranst, müssen Sie ihn nicht mittig falten. Den Saum dagegen falten Sie wie beschrieben, damit er hübsch aussieht.

Umhängetasche

1 » Schneiden Sie mithilfe der Schablone auf S. 92 ein Stück grünen Filz aus.

2 » Falten Sie die Vorderseite wie auf der Schablone dargestellt auf der Rückseite und vernähen Sie die Seiten mittels Überwendlingsstich.

3 » Fügen Sie ein etwa 13 cm langes Band als Träger hinzu. Nähen Sie beide Enden seitlich an die Öffnung der Tasche.

4 » Falten Sie die Klappe um. Damit sie hält, können Sie sie ggf. auf sehr niedriger Stufe bügeln.

5 » Eine Blume oder ein paar Zweige in der Tasche machen den kleinen Bären sehr glücklich.

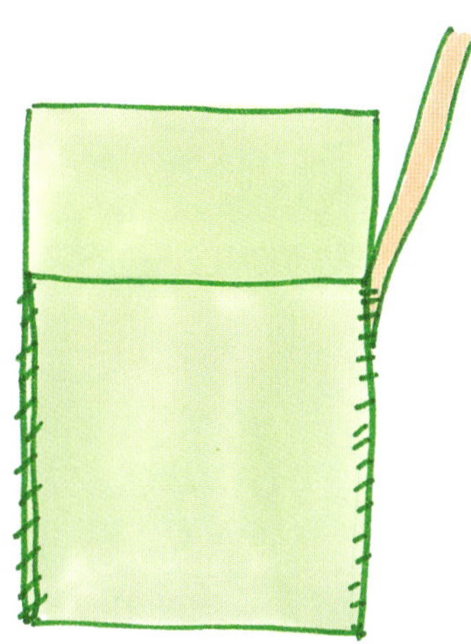

Babytrage

1 » Schneiden Sie mithilfe der Schablonen auf S. 92 eine Schlinge und zwei Träger aus blaugrünem, eine Hummel aus gelbem und die Flügel aus weißem Filz aus.

2 » Falten Sie die Vorderseite wie auf der Schablone dargestellt auf die Rückseite. Legen Sie die Träger seitlich zwischen die beiden Schichten, wie hier dargestellt, und vernähen Sie alles mittels Überwendlingsstich.

3 » Legen Sie die gelbe Hummel vorne auf die Trage und nähen Sie sie mit schwarzem Garn und ein paar Reihstichen fest, sodass sie wie Streifen aussehen. Sticken Sie mit Steppstich eine gebogene Linie, die die Flugbahn der Hummel wird (s. Abbildung unten rechts).

4 » Drücken Sie die Flügel in der Mitte zusammen und nähen Sie sie mit ein paar kleinen Stichen fest.

5 » Setzen Sie Baby Bär in die Trage und ziehen Sie sie einem der Erwachsenen wie einen Rucksack über, indem Sie die Träger vorne verknoten. Schneiden Sie ggf. überstehende Enden ab.

Baby Bär hat den Abenteuergeist der Familie geerbt und schaut viel lieber in die Welt hinaus als auf den Rücken eines Erwachsenen.

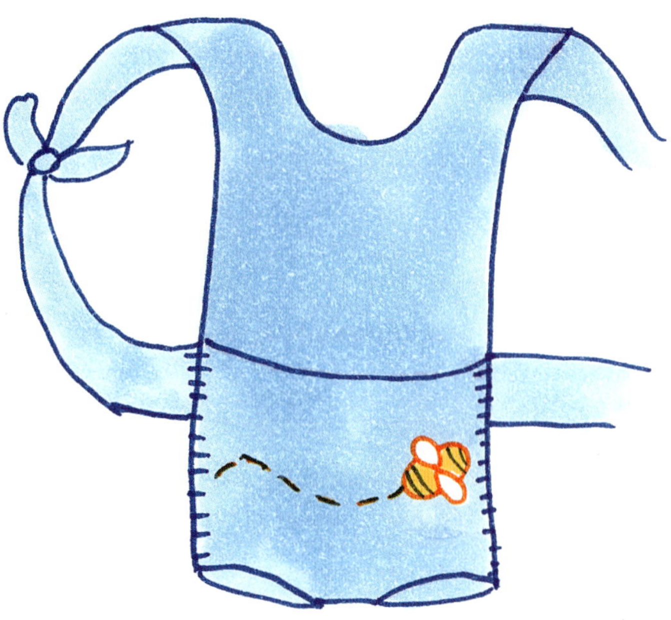

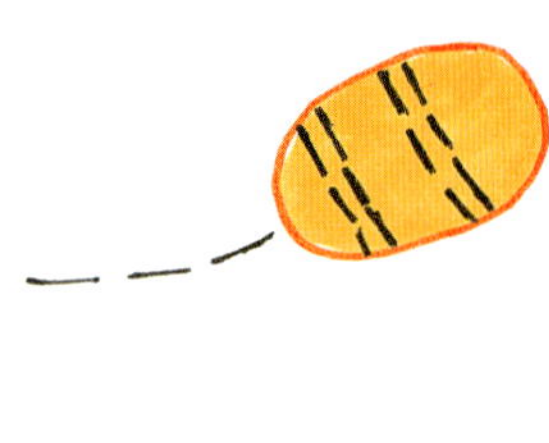

Rucksack

1 » Schneiden Sie mithilfe der Schablonen auf S. 92 einen Rucksack und eine Tasche aus beigem sowie zwei Laschen aus braunem Filz aus.

2 » Legen Sie die Tasche vorne auf den Rucksack und nähen Sie sie mittels Steppstich fest.

3 » Falten Sie die Vorderseite des Rucksacks auf die Rückseite und vernähen Sie die Seiten mit Steppstich. Setzen Sie den Steppstich wie unten dargestellt auf der Klappe fort.

4 » Befestigen Sie die Laschen mit ein paar kleinen Stichen an der Klappe.

5 » Schneiden Sie zwei Bänder etwa 12 cm lang zu, die die Träger werden. Nähen Sie sie mit ein paar kleinen Stichen wie dargestellt an den Rucksack.

6 » Schneiden Sie ein Stück Papier (etwa 8 × 10 cm) zu, das aussieht wie eine Karte, oder drucken Sie eine aus. Rollen Sie es zusammen und stecken Sie es in den Rucksack.

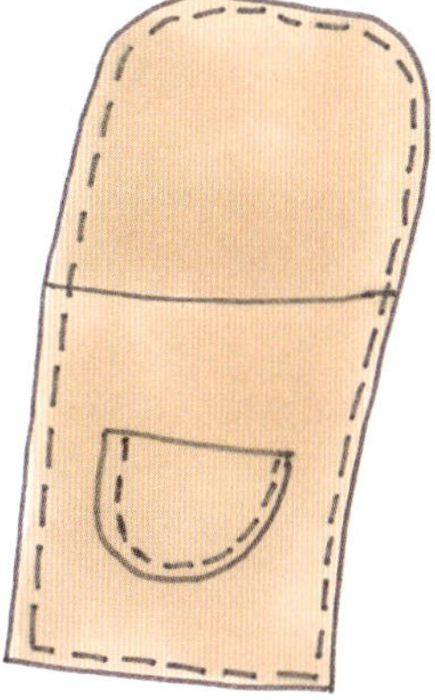

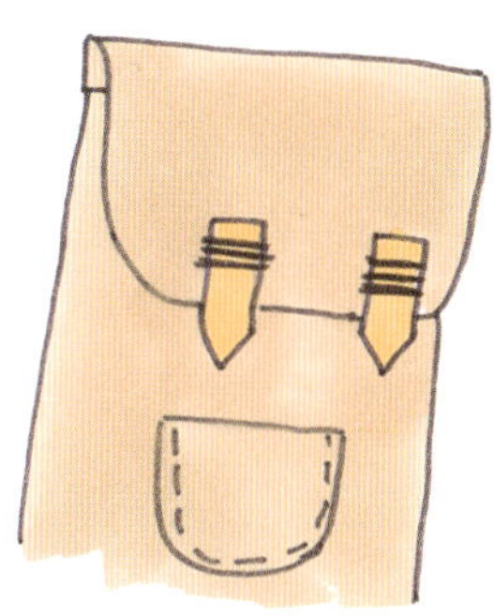

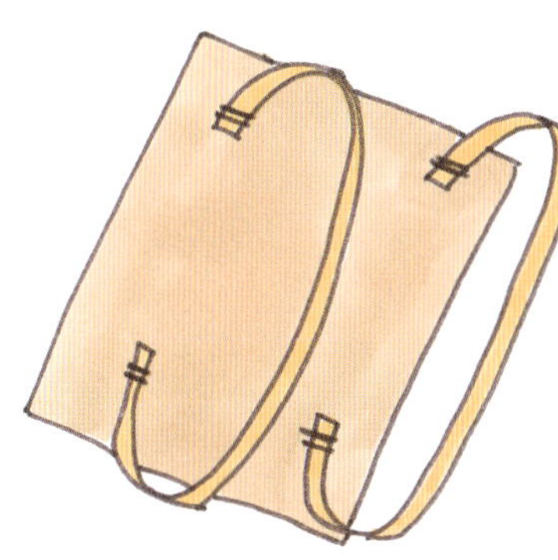

Fernglas

1 » Schneiden Sie mithilfe der Schablonen auf S. 92 zwei Fernglasteile und einen Bügel aus dunkelgrauem oder schwarzem Filz aus.

2 » Rollen Sie beide Fernglasteile eng ein und sichern Sie sie mit ein paar kleinen Stichen oder einem Tropfen Leim.

3 » Legen Sie beide Röllchen eng nebeneinander und das Bügelteil darüber. Nähen Sie alles mit ein paar kleinen Stichen zusammen oder kleben Sie es fest.

4 » Nähen Sie mit ein paar Stichen ein etwa 13 cm langes Lederband oder gewachste Schnur mit je einem Ende auf den Seiten des Fernglases fest.

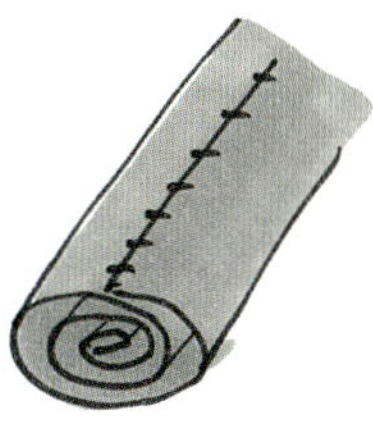

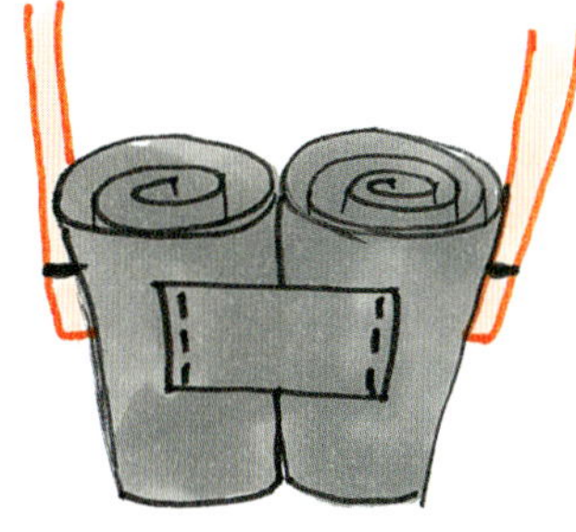

FAMILIE HASE

An diesem schönen Frühlingstag veranstaltet Familie Hase ein Picknick. Frau Hase hat für alle ihr liebstes Essen vorbereitet: Möhren und Spargel! Herr Hase hat aus Spaß auch ein paar Schoko-Ostereier darunter versteckt. Alle tragen ihre hübschesten Sachen und die Mädchen haben Blumenkränze gebastelt. Frau Hase ist unheimlich stolz auf ihren Nachwuchs. Hoffentlich schläft Baby Hase nach dem Mittagessen ein wenig, sodass Mama Hase sich bei einer Tasse Tee entspannen kann.

DAS BRAUCHEN SIE

MATERIAL

- Filz: beige 50 × 45 cm, weiß 20 × 15 cm, pastellrosa 10 × 10 cm, rosa 15 × 12 cm, türkis 20 × 15 cm, pastellgrün 12 × 10 cm, grün 25 × 15 cm, gelb 15 × 10 cm, orange 10 × 10 cm, sandfarben 18 × 6 cm
- Bedruckter Baumwollstoff:
  Decke 15 × 15 cm
  Frau Hases Rock 22 × 12 cm
  Fräulein Hases Rock 13 × 6 cm
  Tutu: Netzstoff 13 × 6 cm
  Teeservice 12 × 12 cm
- Stickgarn in Braun, Sandfarben, Blau Pastellgrün, Pastellrosa, Gelb, Orange und Weiß
- Hanfschnur (sehr dünnes Seil) 25 cm
- 60 g Spielzeugfüllung
- Klettband
- Zwei kleine Knöpfe (optional)
- Doppelseitig aufbügelbarer Vliesstoff 12 × 12 cm (optional)
- Schokoladeneier (optional) + ein paar für Sie selbst!

ARBEITSMITTEL

- Scheren (Papier-, Stoff und Stickschere)
- Kugelschreiber oder Bleistift
- Sticknadel
- Stecknadeln
- Stoffkleber (optional)

KÖRPERSCHABLONEN (S. 85–86)

- Für die Erwachsenen und die Kleinen brauchen Sie je:
  4 beige Körper-Teile
  1 weißen Schwanz
  2 beige Kopf-Teile
  2 beige Gesichts-Teile
  4 beige Ohren
  2 rosa Ohreninnere
  4 beige Arm-Teile
  4 beige Bein Teile
  2 weiße Sohlen
- Für Baby Hase brauchen Sie:
  2 beige Körper-Teile
  1 beigen Bauch
  2 beige Ohren
  2 rosa Ohreninnere
  1 weißen Schwanz
- Accessoires: Korb, Möhre, Spargel und Teeservice

ANLEITUNG

1 » Schneiden Sie die Schablonen aus und übertragen Sie sie auf den Filz.

2 » Nähen Sie die zwei Körper-Teile mit Überwendlingsstich entlang der Mittelnaht zusammen (s. S. 12 für die Anleitung). Wiederholen Sie das für die anderen beiden Teile. So erhalten Sie eine Vorder- und eine Rückseite.

3 » Nähen Sie für den Schwanz mit losem Reihstich am äußeren Rand des Kreises entlang. Setzen Sie einen kleinen Ball Füllung in die Mitte. Ziehen Sie vorsichtig am Garn, sodass ein kleiner Puschel entsteht. Verknoten Sie das Fadenende.

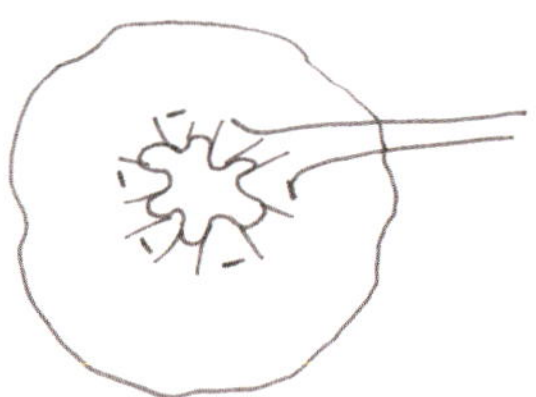

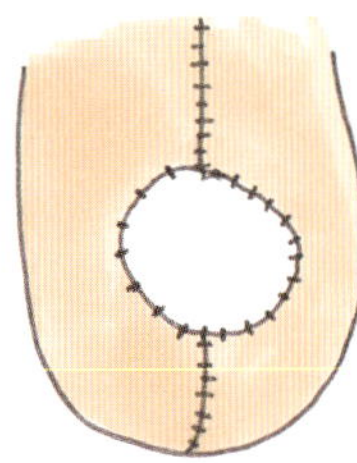

4 » Nähen Sie den Schwanz auf der Mittelnaht auf eines der Körper-Teile. Nähen Sie in kleinen Stichen rund um den Schwanz und achten Sie darauf, die Füllung zu erhalten.

5 » Nähen Sie mit Überwendlingsstichen Vorder- und Rückseite zusammen (s. S. 13–14) und stopfen den Körper mit Füllung aus.

6 » Nähen Sie die Arme wie auf S. 14 und die Beine wie folgt: Legen Sie zwei Bein-Teile aufeinander und nähen Sie sie von der Ferse bis zu den Zehen zusammen. Stopfen Sie das Bein aus und legen Sie die weiße Sohle auf die Öffnung (s. unten). Nähen Sie um den Fuß herum. Wiederholen Sie alles für das zweite Bein.

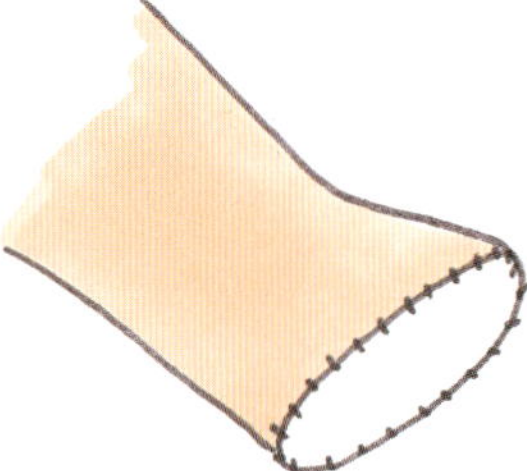

7 » Nähen Sie für das Gesicht beide Gesichts-Teile entlang der Mittelnaht zusammen und fügen Sie die Gesichtszüge hinzu (s. S. 16–18). Die Augen entstehen mit großen Französischen Knoten oder einer gebogenen Steppstich-Naht, entweder nach oben oder nach unten gebogen (s. Abbildung unten).

8 » Nähen Sie mittels Überwendlingsstich die rosa Ohr-Teile an die beigen Ohr-Teile. Setzen Sie sie auf ein weiteres Paar beige Ohr-Teile und nähen Sie mit Überwendlingsstichen rundherum.

9 » Falten Sie die Ohren im unteren Teil wie hier dargestellt nach innen und nähen Sie sie mit ein paar kleinen Stichen fest.

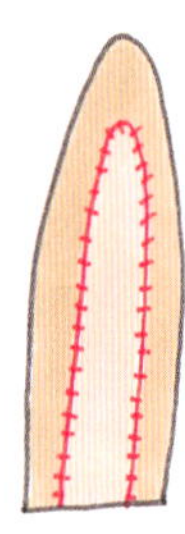

10 » Nähen Sie die zwei Kopf-Teile zusammen und befestigen Sie sie wie auf S. 19 dargestellt am Gesicht. Setzen Sie während des Nähens die Ohren wie im Beispiel gezeigt ein. Stopfen Sie den Kopf für eine schöne runde Form mit Füllung aus und nähen Sie ihn wie auf S. 20 gezeigt an den Körper.

11 » Fügen Sie die Arme und Beine wie auf S. 21–23 dargestellt hinzu. Damit ist Ihr Hase anziehfertig!

12 » Die kleinen Hasen nähen Sie einfach genau wie ihre Eltern, nur in kleinerem Maßstab.

Baby Hase

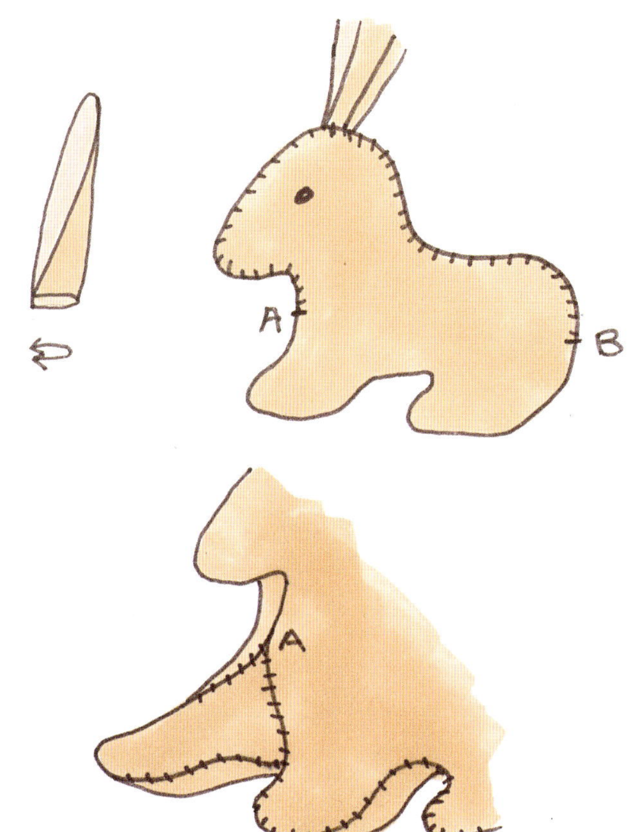

1 » Schneiden Sie die Schablonen aus und übertragen Sie sie auf den Filz.

2 » Nähen Sie die rosa Ohr-Teile mit Überwendlingsstichen auf die beigen Ohren. Falten Sie sie im unteren Teil hälftig (s. rechts).

3 » Sticken Sie die Augen mit Französischen Knoten links und rechts auf das Gesicht. Gehen Sie spiegelverkehrt vor, sodass die beiden Seiten später zusammenpassen.

4 » Nähen Sie die beiden Seitenteile mittels Überwendlingsstich am Rücken entlang von A nach B zusammen und setzen Sie dabei die Ohren oben am Kopf ein. Legen Sie die Ohren zwischen die beiden Kopfhälften und achten Sie darauf, durch alle Schichten zu nähen, damit sie gut halten (s. Schritte 3–6 auf S. 19 für die Anleitung).

5 » Arbeiten Sie den Schwanz genau wie bei den Erwachsenen in Schritt 3 an und nähen ihn mit kleinen Stichen an Baby Hase.

6 » Stopfen Sie Kopf und Körper mit Füllung aus und setzen Sie das Bauchteil an Punkt A und B passend ein. Nähen Sie es mit Überwendlingsstichen rundum fest und fügen beim Nähen weitere Füllung hinzu. Keine Sorge, wenn Ihr Häschen noch etwas flach aussieht – Sie können es später einfach in eine Krabbelpose formen.

KLEIDUNG UND ACCESSOIRES

Kurze Hosen

1 » Schneiden Sie für Herrn Hase und den Kleinen mithilfe der Schablone auf S. 93 und 95 einfach jeweils zwei Hosenteile aus: große für Herrn Hase in Weiß, kleinere für den Kleinen in Gelb.

2 » Folgen Sie beim Zusammennähen der Hosen der Anleitung auf S. 24–25.

Weste

1 » Schneiden Sie mithilfe der Schablone auf S. 95 die Weste aus pastellgrünem Filz aus. Falten Sie die beiden Vorderseiten an der Schulter entlang der Seiten auf die Rückseite. Vernähen Sie die Seiten mittels Überwendlingsstich.

2 » Fügen Sie an einem der beiden Aufschläge ein paar Französische Knoten als Knöpfe hinzu.

Röcke

1 » Schneiden Sie für Frau Hase und die zwei kleinen Mädchen den Bund aus Filz (grün für Frau Hase und türkis und rosa für die Mädchen) und den Rock aus einem Stoff Ihrer Wahl aus. Die zugehörigen Maße finden Sie auf S. 28. Das Tutu nähen Sie einfach genau wie die anderen Röcke.

2 » Folgen Sie für die Röcke der Anleitung auf S. 28–29.

Jacke

1 » Schneiden Sie mithilfe der Schablonen auf S. 93 ein Rücken-, zwei Vorderteile und zwei Ärmel aus türkisem Filz aus. Achten Sie dabei darauf, die Schablonen auf die Länge der Jacke und nicht die des Mantels zuzuschneiden.

2 » Nähen Sie die Jacke nach der Anleitung auf S. 30–31 zusammen und fügen Sie zwei kleine rote Knöpfe hinzu. Wenn Sie keine Knöpfe haben, können Sie auch Französische Knoten setzen oder Perlen oder Pailletten verwenden.

Blumenkränze

1 » Schneiden Sie kleine Filzquadrate mit einer Seitenlänge von etwa 1,5 cm aus: drei oder vier in Rosa, zwei in Gelb und zwei in Weiß.

2 » Ziehen Sie ein Garn aus drei Fäden auf eine Nadel.

3 » Drücken Sie die Mitte eines Quadrates zusammen und schieben Sie die Nadel hindurch. Achten Sie darauf, etwa 7 cm Faden übrig zu lassen. Wickeln Sie den Faden ein paar Mal um das zusammengedrückte Stück Filz, fädeln Sie ihn wieder zurück hindurch und machen Sie einen Knoten (s. Abbildungen rechts). Wiederholen Sie den Vorgang in etwa 1 cm Abstand mit dem nächsten Filzstück.

4 » Fügen Sie auf diese Weise drei bis vier Quadrate aneinander und binden Sie den Kranz einem der Mädchen mit einer Schleife um den Kopf. Schneiden Sie überschüssiges Garn ab.

Korb

1 » Schneiden Sie mithilfe der Schablone für Korb 1 auf S. 92 zwei Böden und ein Seitenteil aus sandfarbenem Filz aus.

2 » Schneiden Sie ein Rechteck von 1 × 9 cm in der gleichen Farbe aus. Das wird der Henkel. Rollen Sie es einfach längs und fixieren Sie es mittels Überwendlingsstich.

3 » Rollen Sie das Seitenteil in Zylinderform und vernähen Sie die Seiten, damit der Korb in Form bleibt.

4 » Formen Sie mit der auf S. 29 dargestellten Technik ein paar Falten um unteren Rand des Seitenteils und nähen es mit ein paar kleinen Stichen ein einem Bodenteil fest.

5 » Legen Sie das andere Bodenteil innen in den Korb und kleben Sie ihn ggf. mit etwas Leim fest.

6 » Setzen Sie je ein Ende des Henkels außen an eine Korbseite und nähen Sie es mit ein paar kleinen Stichen fest.

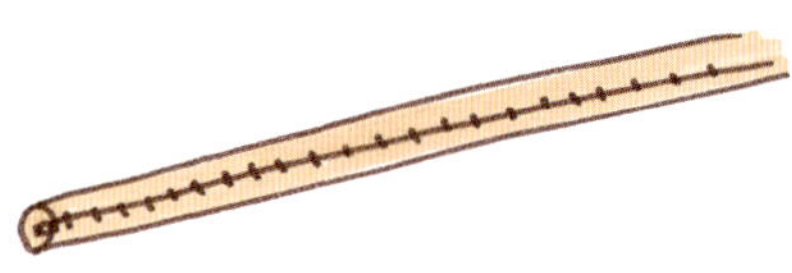

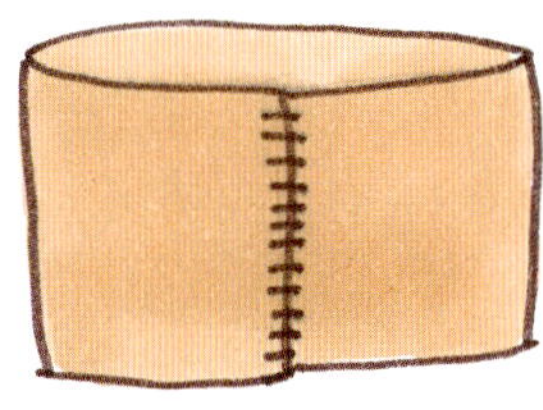

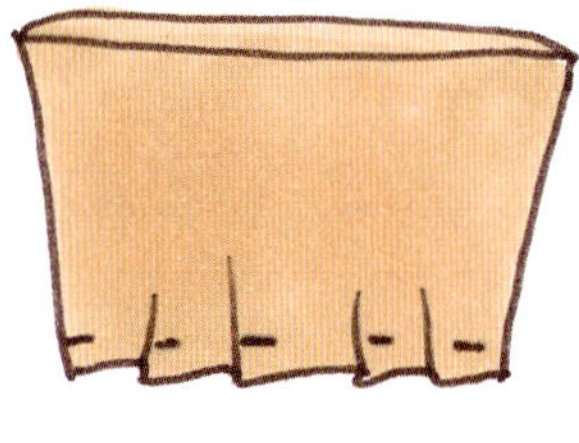

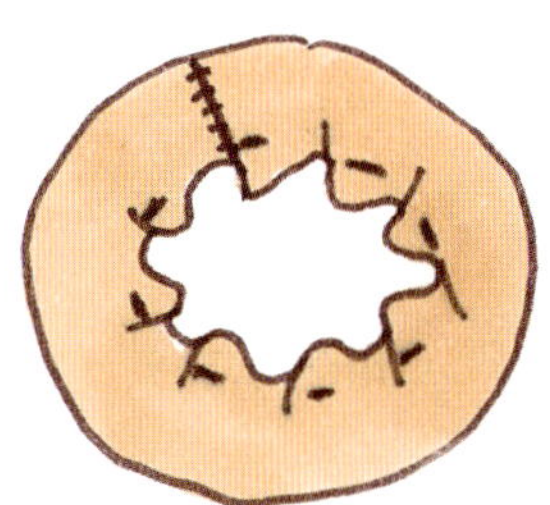

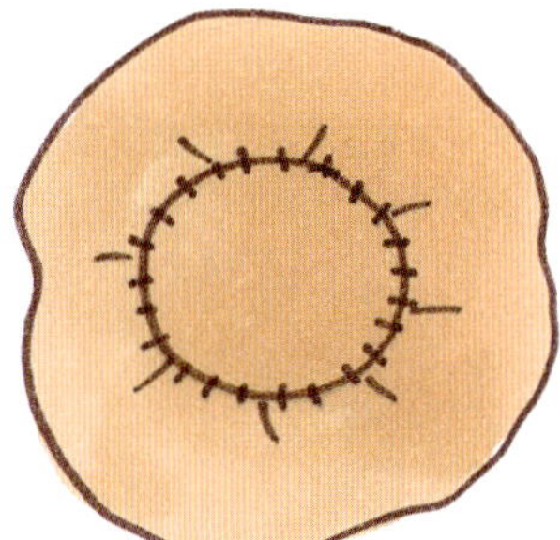

Spargelstangen und Möhren

1 » Schneiden Sie die Spargelstangen und das Möhrengrün aus grünem Filz aus, die Möhre aus orangem Filz. Rollen Sie die Spargelstangen längs und vernähen Sie sie mit ein paar kleinen Stichen. Fächern Sie das obere Ende auf, damit es echter aussieht.

2 » Schneiden Sie das Möhrengrün entlang der gestrichelten Linien auf der Schablone ein, sodass Fransen entstehen.

3 » Legen Sie das konische Unterteil des Möhrengrüns in die Möhrendreiecke und rollen Sie alles zusammen eng ein.

4 » Fixieren Sie sie mit ein paar kleinen Stichen ausschließlich in den orangen Filz.

5 » Binden Sie vier oder fünf Möhrchen und Spargelstangen mit etwas Faden zu kleinen Bündeln zusammen.

Picknickdecke

1 » Schneiden Sie einfach ein Quadrat von 15 × 15 cm aus dem Stoff oder Filz Ihrer Wahl aus. Sie können es mittels Languettenstich einfassen (s. S. 27–28), wenn Sie möchten, oder es einfach so lassen.

Teeservice

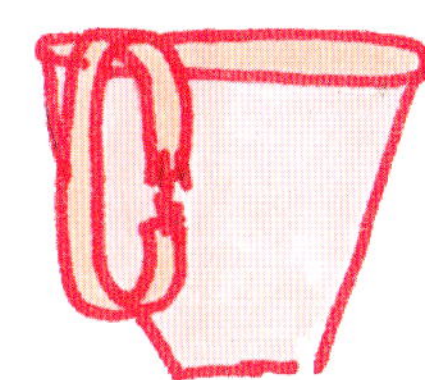

1 » Hier können Sie den doppelseitigen aufbügelbaren Vliesstoff verwenden – das ist aber kein Muss. Ich habe ihn als Verbinder zwischen Baumwollstoff und Filz verwendet. Dadurch entsteht ein steiferer Soff – perfekt für das Teeservice. Bügeln Sie einfach eine Seite auf den Filz (bevor Sie die Formen ausschneiden!). Entfernen Sie dabei nicht das Papier. Ziehen Sie nach dem Abkühlen das Papier ab und legen Sie den Baumwollstoff auf das Vlies. Bügeln Sie, bis die beiden Stoffe fest aneinanderhaften. Die Teeservice-Schablonen finden Sie auf S. 90–91.

2 » Wenn Sie ohne das Verbindungsmaterial arbeiten möchten, schneiden Sie die Formen aus Filz und Baumwollstoff aus und geben Sie etwas Leim hinzu, damit sie zusammenhalten.

3 » Schneiden Sie für das Teeservice 5 Teller, 2 Tassen mit 2 Henkeln und 1 Teekanne mit Deckel, Ausguss und Griff aus.

4 » Formen Sie die Tassen, indem Sie sie einrollen, die Ränder mit ein paar kleinen Stichen oder etwas Leim aufeinander fixieren. Biegen Sie den Griff und befestigen Sie ihn mit ein paar kleinen Stichen oder etwas Leim seitlich an der Tasse.

5 » Schneiden Sie für die Teller einfach Stoffkreise aus.

6 » Setzen Sie den Ausguss der Teekanne vertikal mittig an und fixieren Sie ihn mit ein paar kleinen Stichen oder etwas Leim. Formen Sie die Teekanne zu einem Zylinder, legen die Ränder übereinander und nähen oder kleben sie fest.

7 » Fügen Sie wie bei den Tassen den Griff hinzu und nähen oder kleben Sie ihn fest.

8 » Sticken Sie einen großen Französischen Knoten mittig auf den Deckel und setzen Sie ihn auf die Teekanne.

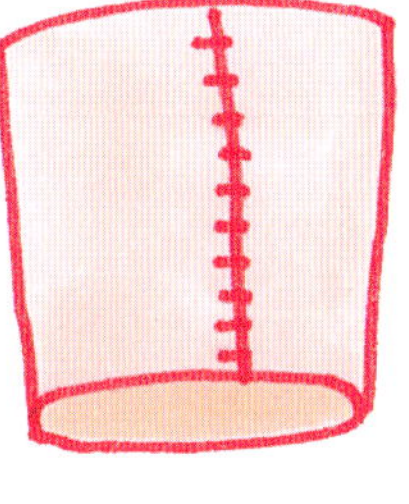

Unten die Teekanne ohne Deckel.

Familie Maus

Familie Maus verbringt die Abende am liebsten in ihrem gemütlichen Zuhause. Nach dem gemeinsamen Abendessen und Abwaschen liest der Papa Baby Maus eine Geschichte vor und legt es dann in sein Moseskörbchen zum Schlafen. Danach setzt er sich mit einer schönen Tasse Tee hin und liest seine Zeitung. Frau Maus liebt Handarbeiten, sie hat immer ein oder zwei Projekte in Arbeit. Gerade ist sie mit Filztierchen für ihre Tochter fertig geworden und macht sich nun daran, einen neuen Schal zu stricken. Das kleine Fräulein Maus spielt häufig mit ihren Puppen und Teddys auf dem Boden und baut ihnen ein gemütliches Zuhause – genau wie ihr eigenes.

Das brauchen Sie

Material

- Filz: hellgrau 40 × 40 cm, weiß 10 × 5 cm, pastellrosa 10 × 10 cm, rosa 13 × 4 cm, blaugrün 12 × 10 cm, braun 12 × 7 cm, rot 6 × 4 cm, grün 23 × 7 cm, lila 15 x 3 cm, sandfarben 29 × 13 cm
- Bedruckter Baumwollstoff:
  Rock von Frau Maus 22 × 12 cm
  Decke von Baby Maus 12 × 7 cm
- Stickgarn in Braun, Hellgrau, Rot und Lila
- 15 cm langes Band, 5 mm breit
- 60 g Spielzeugfüllung
- Klettband
- Ein kleiner Knopf (optional)
- Basteldraht (leicht zu formen)
- Zwei Zahnstocher und zwei hölzerne Perlen (mit Löchern im gleichen Durchmesser wie die Zahnstocher)

Arbeitsmittel

- Scheren (Papier-, Stoff- und Stickschere)
- Kugelschreiber oder Bleistift
- Sticknadel
- Stecknadeln
- Leim (Weißleim oder Ähnliches)

Körperschablonen (S. 87–88)

- Für die Erwachsenen und Fräulein Maus brauchen Sie je:
  4 graue Körper-Teile
  1 grauen Schwanz
  2 graue Kopf-Teile
  2 graue Gesichts-Teile
  2 graue Ohren
  2 rosa Ohreninnere
  4 graue Arm-Teile
  4 graue Bein-Teile
  2 weiße Sohlen
- Für Baby Maus brauchen Sie:
  2 graue Körper-Teile
  2 graue Gesichts-Teile
  1 grauen Kopf-Teil
  2 graue Ohren
  2 rosa Ohreninnere
  1 grauen Schwanz
- Accessoires: Lesebrille, Zeitung, Moseskörbchen und Stricknadeln

CHEESY
NEWS

ANLEITUNG

1 » Schneiden Sie die Schablonen aus und übertragen Sie sie auf den Filz.

2 » Rollen Sie für den Schwanz den Filz einfach eng längs ein und vernähen Sie ihn auf ganzer Länge.

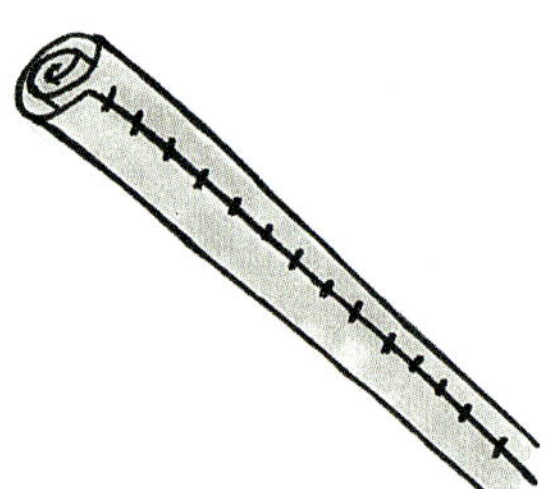

3 » Nähen Sie zwei Körper-Teile entlang der Mittelnaht mit Überwendlingsstichen zusammen (s. S. 12). Wiederholen Sie das Ganze mit den anderen beiden Körper-Teilen und setzen dabei das dickere Ende des Schwanzes zwischen die zwei Filzstücke. Die Körper-Teile werden Vorder- und Rückseite des Körpers.

4 » Fügen Sie Vorder- und Rückseite mit Überwendlingsstichen zusammen (s. S. 13) und stopfen den Körper mit Füllung aus.

5 » Nähen Sie die Arme wie auf S. 14 und die Beine wie folgt: Legen Sie die zwei Bein-Teile aufeinander und nähen Sie sie von der Ferse bis zu den Zehen zusammen. Stopfen Sie das Bein mit Füllung aus. Setzen Sie die weiße Sohle ein (s. Schritt 6 auf S. 54) und nähen Sie sie fest. Wiederholen Sie den Vorgang für das andere Bein.

6 » Nähen Sie für das Gesicht beide Gesichts-Teile entlang der Mittelnaht zusammen und fügen Sie die Gesichtszüge hinzu (s. S. 16–18), Nase und Mund wie üblich, die Augen entstehen mit großen Französischen Knoten.

7 » Nähen Sie die rosa Ohr-Teile mit Überwendlingsstichen auf die grauen.

8 » Falten Sie die Ohren unten wie hier gezeigt nach innen ein und fixieren Sie sie mit ein paar Stichen.

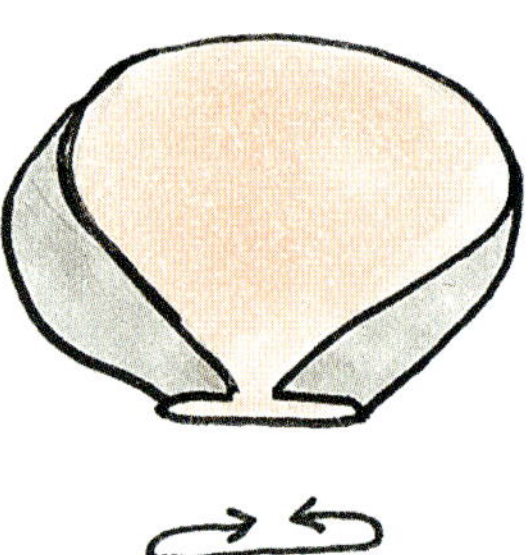

9 » Nähen Sie die zwei Kopf-Teile zusammen und wie auf S. 19 gezeigt an das Gesicht. Setzen Sie beim Nähen die Ohren ein. Stopfen Sie den Kopf für eine schöne runde Form mit Füllung aus und befestigen Sie ihn wie auf S. 20 gezeigt am Körper.

10 » Befestigen Sie Arme und Beine wie auf S. 21–23 gezeigt.

Baby Maus

1 » Schneiden Sie die Schablonen aus und übertragen Sie sie auf den Filz.

2 » Nähen Sie die rosa Ohreninneren mittels Überwendlingsstich auf die grauen Ohren. Falten Sie sie wie für die großen Mäuse unten nach innen ein und fixieren Sie sie mit ein paar kleinen Stichen.

3 » Nähen Sie die beiden Gesichts-Teile entlang der Mittelnaht zwischen den Führungslinien auf der Schablone zusammen.

4 » Sticken Sie die Gesichtszüge wie für die Erwachsenen.

5 » Nähen Sie das Gesicht mittels Überwendlingsstich an den Kopf, setzen Sie dabei die Ohren ein und stopfen Sie ihn für eine schöne runde Form mit Füllung aus.

6 » Nähen Sie den Schwanz wie bei den Erwachsenen und befestigen Sie das dickere Ende an einem der Körper-Teile. Dafür reichen ein paar kleine Stiche.

7 » Nähen Sie beide Körper-Teile zusammen und stopfen Sie den Körper beim Nähen mit Füllung aus, vor allem Arme und Beine.

8 » Setzen Sie den Kopf auf den Hals und nähen Sie ihn wie bei den Erwachsenen fest.

Baby Maus fertig

Das kleine Fräulein Maus

KLEIDUNG UND ACCESSOIRES

Kurze Hosen

1 » Für Herrn Maus brauchen Sie zwei blaugrüne Filzstücke. Schneiden Sie sie mithilfe der Schablonen auf S. 93 aus.

2 » Folgen Sie für die kurzen Hosen der Anleitung auf S. 24–25.

Weste

1 » Schneiden Sie die Weste mithilfe der Schablone auf S. 95 aus braunem Filz aus. Falten Sie die beiden Vorderseiten an der Schulter entlang der Seiten auf die Rückseite. Vernähen Sie die Seiten mittels Überwendlingsstich.

2 » Fügen Sie an einem der beiden Aufschläge einen Knopf oder einen großen Französischen Knopf hinzu.

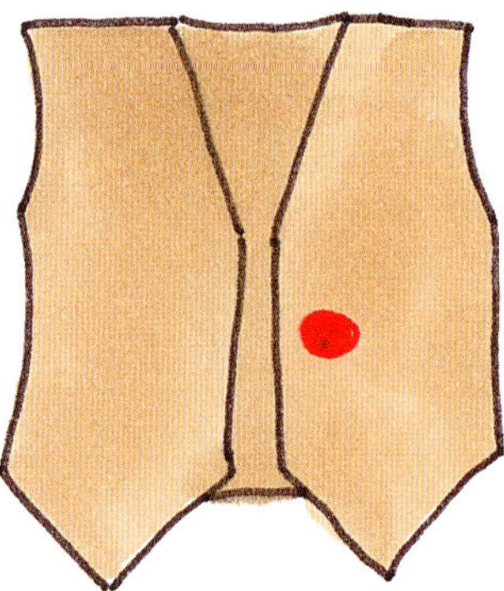

Röcke

1 » Schneiden Sie für Frau Maus den Bund aus lila Filz und den Rock aus einem Material Ihrer Wahl aus. Schneiden Sie für Fräulein Maus den Rock aus rosa Filz aus und verwenden Sie ein 15 cm langes, dünnes Band für den Bund.

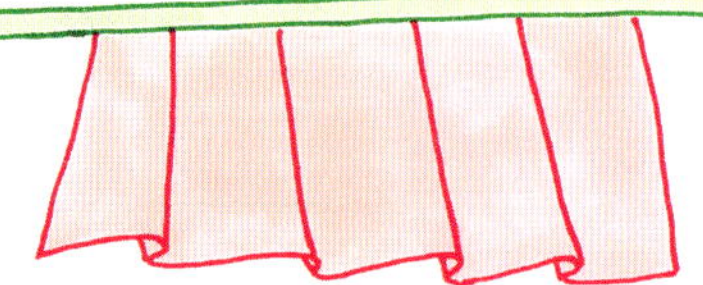

2 » Folgen Sie für die Röcke der Anleitung auf S. 28–29 und verwenden Sie dabei für Fräulein Maus das Band als Bund. Den rosa Filz müssen Sie nicht mittig falten, da er deutlich dicker ist als Stoff und nicht ausfranst. Setzen Sie den Rock einfach mittig auf das Band, sodass an beiden Seiten gleich viel Band übrig bleibt. Damit verknoten Sie den Rock später auf dem Rücken.

Schal

1 » Schneiden Sie mithilfe der Schablone auf S. 96 ein Stück grünen Filz aus.

2 » Schneiden Sie die kurzen Seiten wie unten dargestellt für kleine Fransen ein.

3 » Legen Sie den Schal Frau Maus um und verknoten Sie ihn.

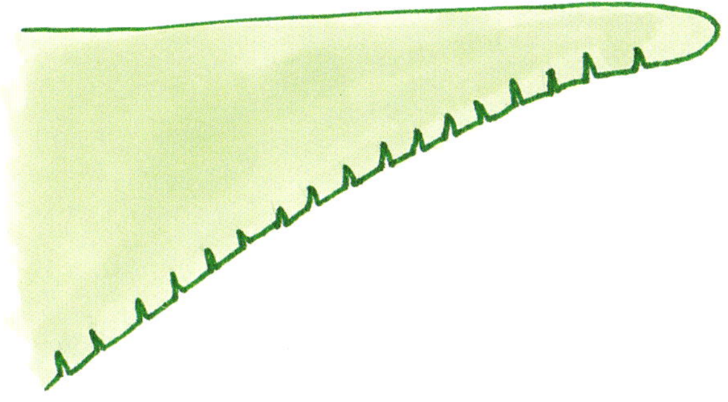

Lesebrille

1 » Biegen Sie eine Länge Draht mithilfe der Schablone auf S. 91 in Brillenform. Mit einem Bleistift oder Ähnlichem lassen sich die Brillengläser leichter formen. Legen Sie die Brille auf die Schablone, um Form und Größe zu prüfen. Die Brille entsteht aus einem einzigen Stück Draht.

2 » Biegen Sie die Brillenbügel im rechten Winkel ab, damit Sie auf den Kopf von Herrn Maus passen. Die gebogenen Enden sollten eng hinter den Ohren sitzen.

Zeitung

1 » Schneiden Sie entweder ein 8 × 5 cm großes Rechteck aus einer Zeitung aus und falten Sie es mittig oder drucken Sie sich Ihre eigene Zeitung aus. Verwenden Sie bei Letzterem eine sehr kleine Schrift, damit der Maßstab passt.

Moseskörbchen

1 » Schneiden Sie mithilfe der Schablonen auf S. 90 einen Boden und zwei Griffe aus sandfarbenem Filz aus. Schneiden Sie für die Seitenwand ein 5,7 × 26,7 cm großes Rechteck aus sandfarbenem Filz aus.

2 » Legen Sie die kurzen Seiten der Seitenwand aufeinander und nähen Sie sie mittels Überwendlingsstich zusammen.

3 » Falten Sie sie längs mittig, um sie dicker zu machen, und setzen Sie die Kanten (nicht die Falz) auf den Boden. Nähen Sie sie mittels Überwendlingsstich rundherum fest.

4 » Rollen Sie die Griffe ähnlich wie die Mäuseschwänze fest ein und fixieren Sie sie mittels Überwendlingsstich oder, indem Sie den Faden um die ganze Länge herumwickeln.

5 » Nähen Sie die Enden der Griffe wie dargestellt seitlich fest.

6 » Schneiden Sie für das Kissen zwei weiße, 3 × 3 cm große Filzquadrate aus und nähen sie mittels Languettenstich zusammen. Stopfen Sie das Kissen mit Füllung aus, bevor Sie es zunähen.

7 » Schneiden Sie für die Decke einfach ein 7 × 12 cm großes Stoffrechteck aus. Falten Sie es mittig und legen Sie es mit der Faltkante nach oben (beim Gesicht des Babys) in den Korb.

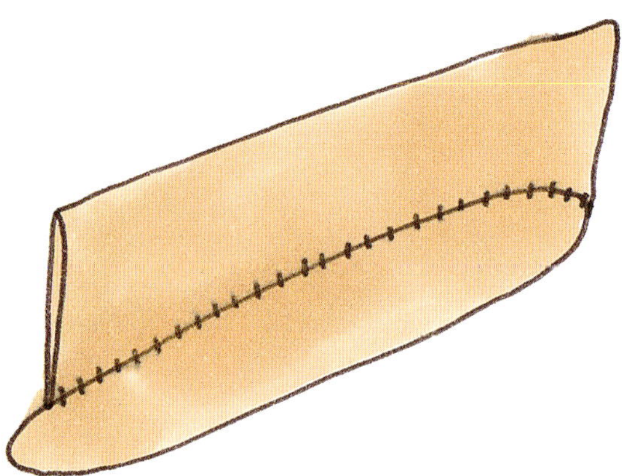

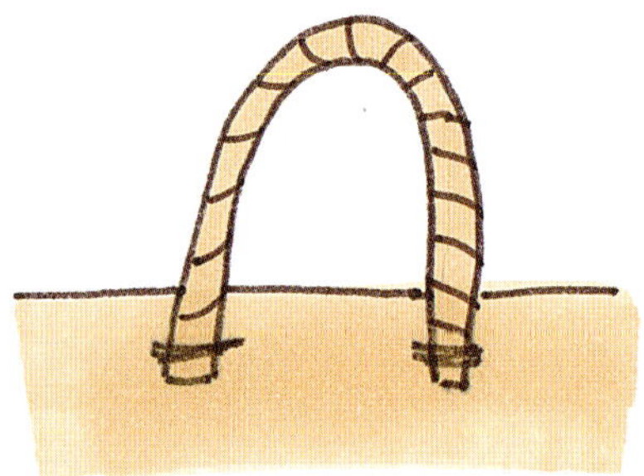

Stricknadeln und Wolle

1 » Schneiden Sie die Zahnstocher an einem Ende auf etwa 4 cm Länge ab und belassen die Spitze am anderen Ende. Tupfen Sie etwas Leim auf die Schnittstelle, schieben Sie sie in die Holzperle und lassen Sie alles trocknen.

2 » Rollen Sie für die Wolle einfach etwas Stickgarn zu einem Knäuel auf. Zu Beginn kann das etwas schwierig sein; legen Sie ein kleines Stück Pappe mit etwas Leim darauf in die Mitte und wickeln Sie das Garn darum, bis Sie ein Knäuel haben.

3 » Wenn Sie möchten, können Sie die erste Reihe auf einer der Stricknadeln anschlagen, oder Sie schieben einfach beide Nadeln in das Knäuel, bereit für Frau Maus.

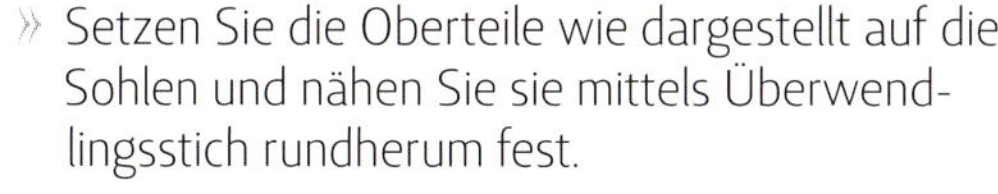

Hausschuhe

1 » Schneiden Sie mithilfe der Schablonen auf S. 91 zwei Sohlen und zwei Oberteile aus rotem Filz aus.

2 » Schließen Sie die Abnäher an den Oberteilen mithilfe der auf S. 13 beschriebenen Technik und formen Sie sie mit dem Finger schön rund.

3 » Setzen Sie die Oberteile wie dargestellt auf die Sohlen und nähen Sie sie mittels Überwendlingsstich rundherum fest.

Familie Hirsch

Es ist mitten im Winter, und Familie Hirsch hat beschlossen, einen langen Spaziergang durch den Wald zu machen, um etwas Anzündholz zu sammeln. Sie freuen sich bereits auf Zuhause, wo sie ein Feuer anzünden und heiße Schokolade mit Marshmallows trinken werden. Frau Hirsch hat versprochen, die neueste Wintergeschichte vorzulesen, die sie gestern Abend geschrieben hat. Was für eine Freude für Fräulein Hirsch, die bereits die Illustrationen für die Geschichte plant und dafür ihre neuen Buntstifte verwenden will.

DAS BRAUCHEN SIE

MATERIAL

- Filz: sandfarben 40 × 30 cm, weiß 20 × 10 cm, rot 20 × 15 cm, braun 15 × 15 cm, moosgrün 20 × 15 cm, lila 20 × 18 cm, dunkelgrau 12 x 10 cm
- Stickgarn in Braun, Sandfarben, Rot, Moosgrün und Dunkelgrau
- 38 cm langes, 3 mm breites Band
- 50 g Spielzeugfüllung
- Klettband
- Kleine Knöpfe und Perlen (optional)
- Zweige, Thymian- oder Lavendelzweige und kleine Glocke (alle optional)

ARBEITSMITTEL

- Scheren (Papier-, Stoff- und Stickschere)
- Kugelschreiber oder Bleistift
- Sticknadel
- Stecknadeln

KÖRPERSCHABLONEN (S. 89–90)

- Für die Hirsche brauchen Sie je:
  2 sandfarbene Körper-Teile
  1 weißen Bauch
  1 weißen Schwanz
  2 sandfarbene Kopf-Teile
  2 sandfarbene Gesichts-Teile
  1 weiße Stirn
  2 sandfarbene Ohren
  2 weiße Ohreninnere
  4 sandfarbene Arm-Teile
  4 sandfarbene Bein-Teile
  2 weiße Sohlen
  4 braune Geweih-Teile (nur für Herrn Hirsch)
- Accessoires: Korb und Kiepe

ANLEITUNG

1 » Schneiden Sie die Schablonen aus und übertragen Sie sie auf den Filz.

2 » Fügen Sie die zwei Körper-Teile zusammen (s. S. 12). Beginnen Sie am Hals und nähen Sie bis zum spitzen Ende des Schwanzes. Nähen Sie dabei den weißen Schwanz wie dargestellt ein.

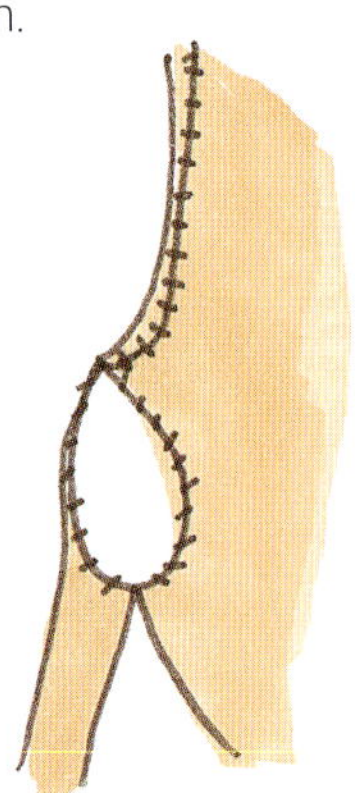

3 » Fügen Sie das weiße Vorderteil hinzu und stopfen Sie den Körper mit Füllung aus (s. S. 13–14). In diesem Fall gibt es keinen Abnäher im Bauch.

4 » Nähen Sie die Arme wie auf S. 14 und die Beine wie folgt: Legen Sie zwei Bein-Teile aufeinander und nähen Sie sie von der Ferse bis zu den Zehen zusammen. Stopfen Sie das Bein mit Füllung aus. Setzen Sie die weiße Sohle ein und nähen Sie sie rundherum fest. Wiederholen Sie den Vorgang für das andere Bein.

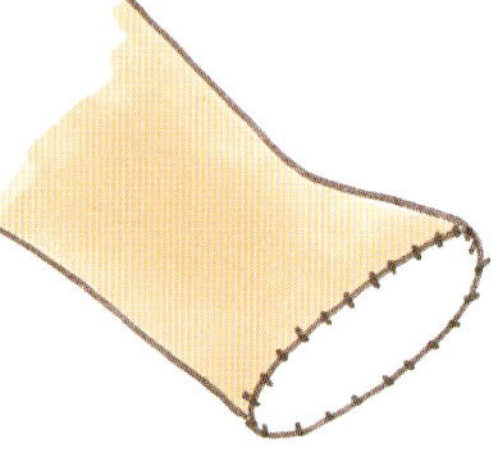

5 » Nähen Sie für das Gesicht beide Gesichts-Teile entlang der Mittelnaht von der Nase bis zum Hals zusammen.

6 » Verschließen Sie den Abnäher in der Stirn mithilfe der auf S. 13 beschriebenen Technik.

7 » Fügen Sie die Stirn so zum Gesicht hinzu, sodass die Nasenspitze passt. Sticken Sie die Gesichtszüge (s. S. 16–18), Nase und Mund wie üblich, für die Augen können Sie große Französische Knoten oder eine gebogene Steppstichnaht verwenden (s. unten). Sie können auch, wie unten dargestellt, mittels kleiner, gerader Stiche Wimpern hinzufügen.

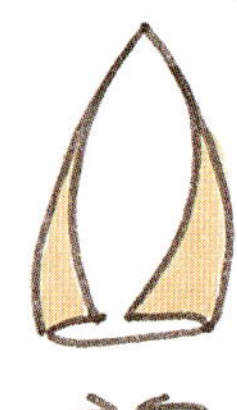

8 » Nähen Sie die weißen Ohr-Teile mittels Überwendlingsstich auf die sandfarbenen Ohren. Falten Sie sie unten nach innen ein und fixieren Sie sie mit ein paar Stichen.

9 » Nähen Sie für Herrn Hirschs Geweih zwei Geweih-Teile mittels Überwendlingsstich zusammen und stopfen Sie sie dabei mit Füllung aus.

10 » Nähen Sie die beiden Kopf-Teile hinten zusammen und fügen Sie das Gesicht ein (s. S. 19). Setzen Sie die Ohren (und bei Herrn Hirsch auch das Geweih) ein. Stopfen Sie den Kopf für eine schöne runde Form mit Füllung aus.

11 » Befestigen Sie den Kopf wie auf S. 20 am Körper.

12 » Befestigen Sie Arme und Beine wie auf S. 21–23 beschrieben. Damit ist Ihr Hirsch anziehfertig!

Das Rehkitz (rechts) wird genau wie die Erwachsenen genäht, nur kleiner.

KLEIDUNG UND ACCESSOIRES

Kurze Hosen

1 » Schneiden Sie für Herrn Hirsch einfach mithilfe der Schablone auf S. 93 zwei dunkelgraue Filzstücke aus.

2 » Folgen Sie der Anleitung auf S. 24–25, um die Hosen fertigzustellen.

Jacke & Mantel

1 » Der Mantel und die Jacke werden genau gleich genäht. Schneiden Sie die Jacke einfach mithilfe der Schablone auf S. 93 entlang der gestrichelten Linie kürzer ab. Die Ärmel sind für beide gleich. Sie brauchen jeweils ein Rückenteil, zwei Vorderteile, zwei Taschen und zwei Ärmel. Schneiden Sie den Mantel für Frau Hirsch aus lila Filz und die Jacke für Herrn Hirsch aus moosgrünem Filz aus.

2 » Folgen Sie der Anleitung auf S. 30–31. Sie können Knöpfe oder Perlen hinzufügen oder einfach große Französische Knoten sticken.

3 » Setzen Sie die Taschen vorne auf Jacke und Mantel und nähen Sie sie mittels Steppstich fest.

Umhang

1 » Schneiden Sie mithilfe der Schablonen auf S. 96 ein Rückenteil, zwei Vorderteile und zwei Kapuzenteile aus rotem Filz aus.

2 » Nähen Sie die zwei Kapuzenteile entlang der hinteren Kante mittels Überwendlingsstich zusammen.

3 » Nähen Sie die Vorderteile entlang der Seiten von der Halsmarkierung an abwärts an das Rückenteil (s. Schablone).

4 » Öffnen Sie die Kapuze und setzen Sie sie auf die Halslinie des Umhangs. Nähen Sie sie mit Überwendlingsstichen an.

5 » Schneiden Sie zwei etwa 7 cm lange Bänder zu. Nähen Sie die Enden auf beiden Seiten vorne oben an den Umhang. Mit ihnen kann er um die Schultern befestigt werden.

Schal

1 » Schneiden Sie einen etwa 1,5 × 15 cm langen Streifen roten Filz zu. Schneiden Sie an beiden Enden kleine Fransen hinein und binden Sie ihn Frau Hirsch um.

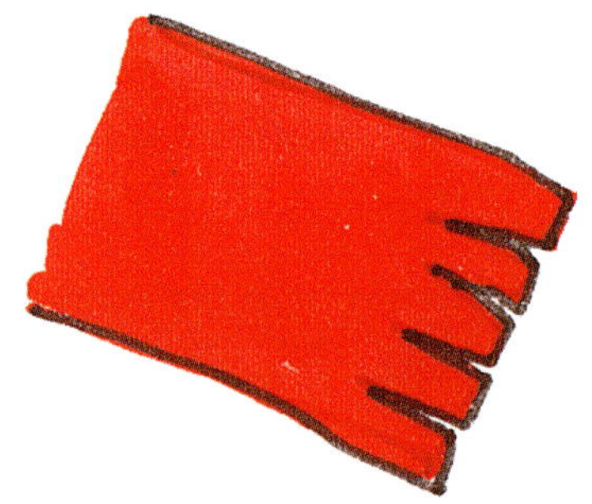

Korb

1 » Schneiden Sie mithilfe der Schablonen für Korb 1 auf S. 92 zwei Böden und ein Seitenteil aus braunem Filz aus.

2 » Schneiden Sie ein 1 × 9 cm großes Rechteck in der gleichen Farbe aus. Daraus wird der Henkel. Rollen Sie es längs ein und vernähen es mit Überwendlingsstichen.

3 » Rollen Sie das Seitenteil zu einem Zylinder und vernähen Sie die Seiten, damit es in Form bleibt.

4 » Formen Sie ein paar Falten am unteren Rand des Seitenteils (s. Schritt 4, S. 57) und nähen Sie es mit ein paar kleinen Stichen an einem der Bodenteile fest.

5 » Nähen Sie das andere Bodenteil innen im Korb fest, damit es ordentlich aussieht. Kleben Sie es ggf. mit etwas Leim fest.

6 » Setzen Sie je ein Ende des Henkels außen an eine Korbseite und nähen Sie ihn mit ein paar kleinen Stichen fest.

Kiepe

1 » Schneiden Sie mithilfe der Schablonen für Korb 2 auf S. 91 ein Vorderteil, eine Rückseite und einen Boden aus braunem Filz aus.

2 » Nähen Sie Vorder- und Rückseite wie hier dargestellt entlang der Seiten mit Überwendlingsstichen zu einem Zylinder zusammen.

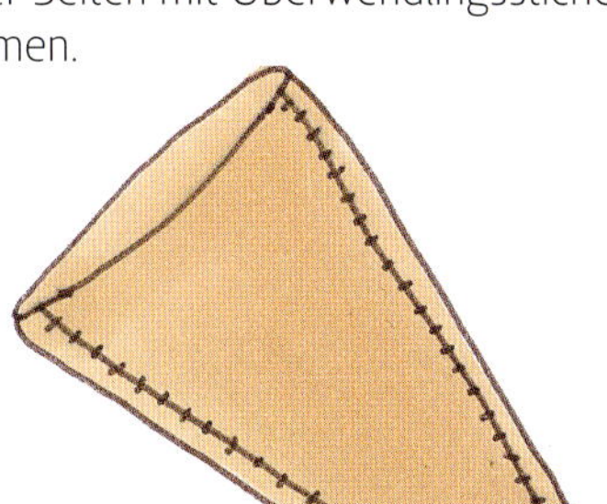

3 » Fügen Sie den Boden mit der geraden Kante passend zur Rückseite und der gebogenen passend zum Vorderteil hinzu.

4 » Falten Sie ein 22 cm langes Band mittig und nähen Sie die Falz etwas unterhalb der Mitte an die Rückseite der Kiepe. Nähen Sie die Enden oben wie hier dargestellt mit ein paar Stichen fest.

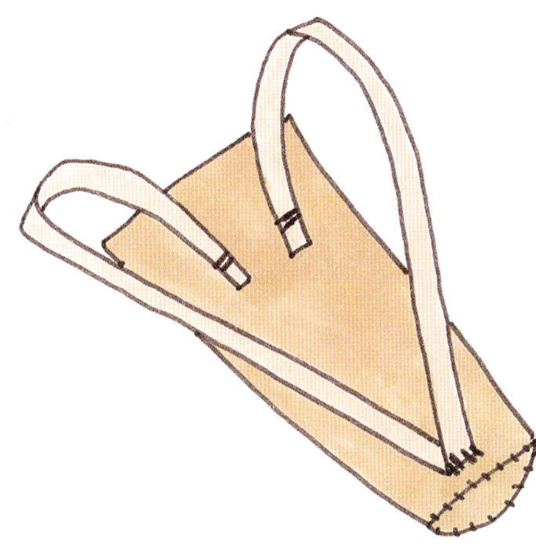

Familie Fuchs

Die Füchse verbringen am liebsten Zeit als Familie. An den Wochenenden trifft man sie häufig zusammen draußen in der Natur an. Dieses Mal gehen sie angeln, eine ihrer Lieblingsbeschäftigungen. Herr Fuchs ist sehr stolz auf seinen Nachwuchs, der ihm alles nachzumachen versucht. Ihnen das Angeln beizubringen hat viel Spaß gemacht, aber langsam befürchtet er, dass sie bald besser sein werden als er. Die Jungen sind sehr aufgeregt und können den Abend gar nicht erwarten. Sie lieben es, mit ihren Eltern am Feuer zu sitzen, gegrillten Fisch zu essen, Lieder zu singen und bis spät in die Nacht Geschichten zu erzählen.

Das brauchen Sie

Material

- Filz: sandfarben 50 × 30 cm, weiß 15 × 15 cm, beige 20 × 16 cm, marineblau 15 × 10 cm, rot 15 × 4 cm, pastellgrün 10 × 10 cm, gelb 5 × 5 cm, türkis 10 × 10 cm
- Stickgarn in Braun, Sandfarben, Blau, Pastellgrün und Weiß
- 10 cm langes Lederband (oder gewachste Schnur)
- 50 g Spielzeugfüllung
- Klettband
- Zweige
- Stoffkleber

Arbeitsmittel

- Scheren (Papier-, Stoff- und Stickschere)
- Kugelschreiber oder Bleistift
- Sticknadel
- Stecknadeln

Körperschablonen (S. 83–84)

- Für die Füchse brauchen Sie je:
  2 sandfarbene Körper-Teile
  1 weißen Bauch
  2 sandfarbene Schwänze
  2 weiße Schwanzspitzen
  2 sandfarbene Kopf-Teile
  2 sandfarbene Gesichts-Teile
  1 weißes Kinn
  2 weiße Ohreninnere
  4 sandfarbene Arm-Teile
  4 sandfarbene Bein-Teile
  2 weiße Sohlen
- Accessoires: Eimer, Fische, Feuerholz und Angel

ANLEITUNG

1 » Schneiden Sie die Schablonen aus und übertragen Sie sie auf den Filz.

2 » Nähen Sie für den Schwanz die weiße Schwanzspitze mit kleinen Überwendlingsstichen mit weißem Garn auf eins der sandfarbenen Schwanzteile. Nähen Sie nun beide Schwanzteile mittels Überwendlingsstich zusammen und stopfen sie mit Füllung aus, bevor Sie alles zunähen.

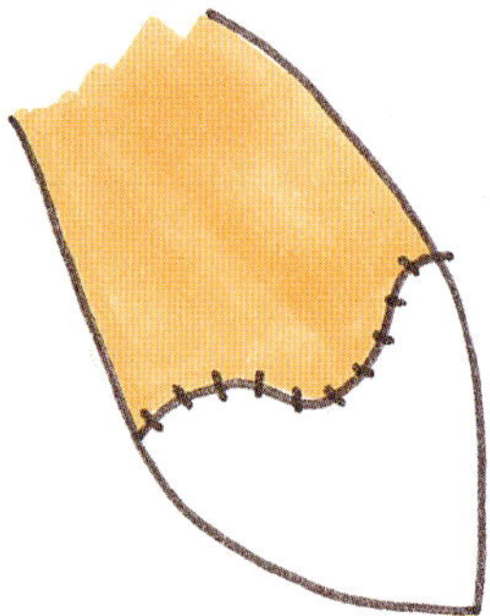

3 » Setzen Sie den Schwanz wie auf S. 12 beschrieben und auf der Schablone markiert zwischen den beiden Körper-Teilen ein. Fügen Sie den weißen Bauch hinzu (s. S. 13) und stopfen Sie den Körper mit Füllung aus.

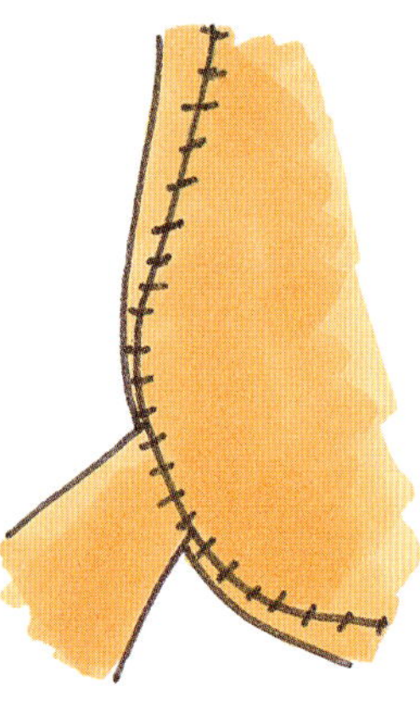

4 » Nähen Sie die Arme wie auf S. 14 und die Beine wie folgt: Legen Sie zwei Bein-Teile aufeinander und nähen Sie sie von der Ferse bis zu den Zehen zusammen. Stopfen Sie das Bein mit Füllung aus, setzen die weiße Sohle ein und nähen sie rundherum fest. Wiederholen Sie den Vorgang für das andere Bein.

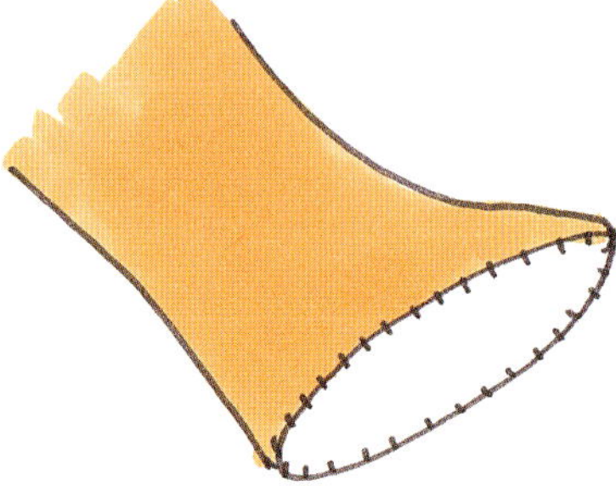

5 » Nähen Sie für das Gesicht beide Gesichts-Teile entlang der Mittelnaht von der Stirn bis zur Nase zusammen (s. S. 15).

6 » Fügen Sie das Kinn so zum Gesicht hinzu, dass Nase und Kinnspitze zusammenpassen. Sticken Sie Nase und Mund mithilfe der Anleitung auf S. 17–18. Sticken Sie die Augen als gebogene Steppstichnaht oder mittels eines großen Französischen Knotens mit geraden Stichen für die Wimpern (s. unten).

7 » Setzen Sie die weißen Ohreninneren vorne auf die Ohren und nähen Sie sie mittels kleinem Überwendlingsstich fest.

8 » Nähen Sie die beiden hinteren Teile des Kopfes entlang der Mittelnaht zusammen. Legen Sie das Gesicht darauf und nähen Sie es fest. Stopfen Sie den Kopf für eine schöne runde Form mit Füllung aus und nähen Sie ihn mithilfe der Anleitung auf S. 20 an den Körper.

9 » Befestigen Sie Arme und Beine wie in der Anleitung auf S. 21–23 beschrieben am Körper. Wiederholen Sie das Ganze für die anderen Füchse, die großen wie die kleinen. Damit ist Ihr Fuchs anziehfertig!

KLEIDUNG UND ACCESSOIRES

Kurze Hosen

1 » Schneiden Sie die Schablonen aus und übertragen Sie sie auf den Filz: Marineblau in Groß für Herrn Fuchs und Pastellgrün und Türkis in Klein für die Jungen. Verwenden Sie die Schablonen auf S. 93 und 95.

2 » Folgen Sie der Anleitung auf S. 24–25, um die kurzen Hosen fertigzustellen.

Kleid

1 » Schneiden Sie für das Kleid von Frau Fuchs mithilfe der Schablonen auf S. 94 ein beiges Kleid, eine marineblaue Tasche, ein kleines weißes und ein großes rotes Segel aus.

2 » Folgen Sie beim Nähen der Anleitung auf S. 27–28.

3 » Dekorieren Sie das Kleid mit einem Boot. Nähen Sie die gebogene Kante des Boots mittels Steppstich fest. Setzen Sie mittig über der Tasche eine vertikale Steppstichnaht für den Mast. Fügen Sie links und rechts davon mittels Überwendlingsstich das rote und das weiße Segel hinzu.

Eimer

1 » Schneiden Sie mithilfe der Schablonen auf S. 91 einen Boden und eine Seitenwand aus rotem Filz aus.

2 » Rollen Sie die Seitenwand zu einem Zylinder ein und nähen Sie die kurzen Seiten wie hier dargestellt zusammen.

3 » Nähen Sie den Boden mittels Überwendlingsstich an.

4 » Machen Sie in beide Enden einer Leder- oder gewachsten Schnur (10 cm lang) einen Knoten und nähen Sie sie wie hier dargestellt oben an den Eimer.

5 » Füllen Sie ihn mit Fischen. Sie können etwas Spielzeugfüllung darunterlegen, um sie anzuheben.

Fische

1 » Schneiden Sie mithilfe der Schablone auf S. 91 pro Fisch zwei Teile aus verschiedenfarbigem Filz aus.

2 » Sticken Sie ihnen mittels Französischem Knoten Augen.

3 » Nähen Sie beide Teile mittels Überwendlingsstich zusammen.

Feuerholz

1 » Schneiden Sie fünf 3,5 × 8 cm große Stücke aus braunem Filz aus.

2 » Rollen Sie jedes ein und geben Sie kurz vor dem Ende einen Tupfen Leim darauf, damit sie die Form halten.

3 » Halten Sie sie ein paar Sekunden eingerollt fest, bis der Leim hält, und lassen Sie sie trocknen.

Angeln

1 » Verwenden Sie einen Zweig, der etwas länger ist als Ihr Fuchs. Die Länger ist aber nicht so wichtig.

2 » Schieben Sie die Nadel mit zwei bis drei Fäden Garn durch das Maul eines Fisches und machen Sie einen Doppelknoten. Wickeln Sie das lange Ende um den Zweig und machen Sie auch hier einen Doppelknoten.

Schablonen

FAMILIE WASCHBÄR: ERWACHSENE

Alle Schablonen sind in Originalgröße dargestellt.

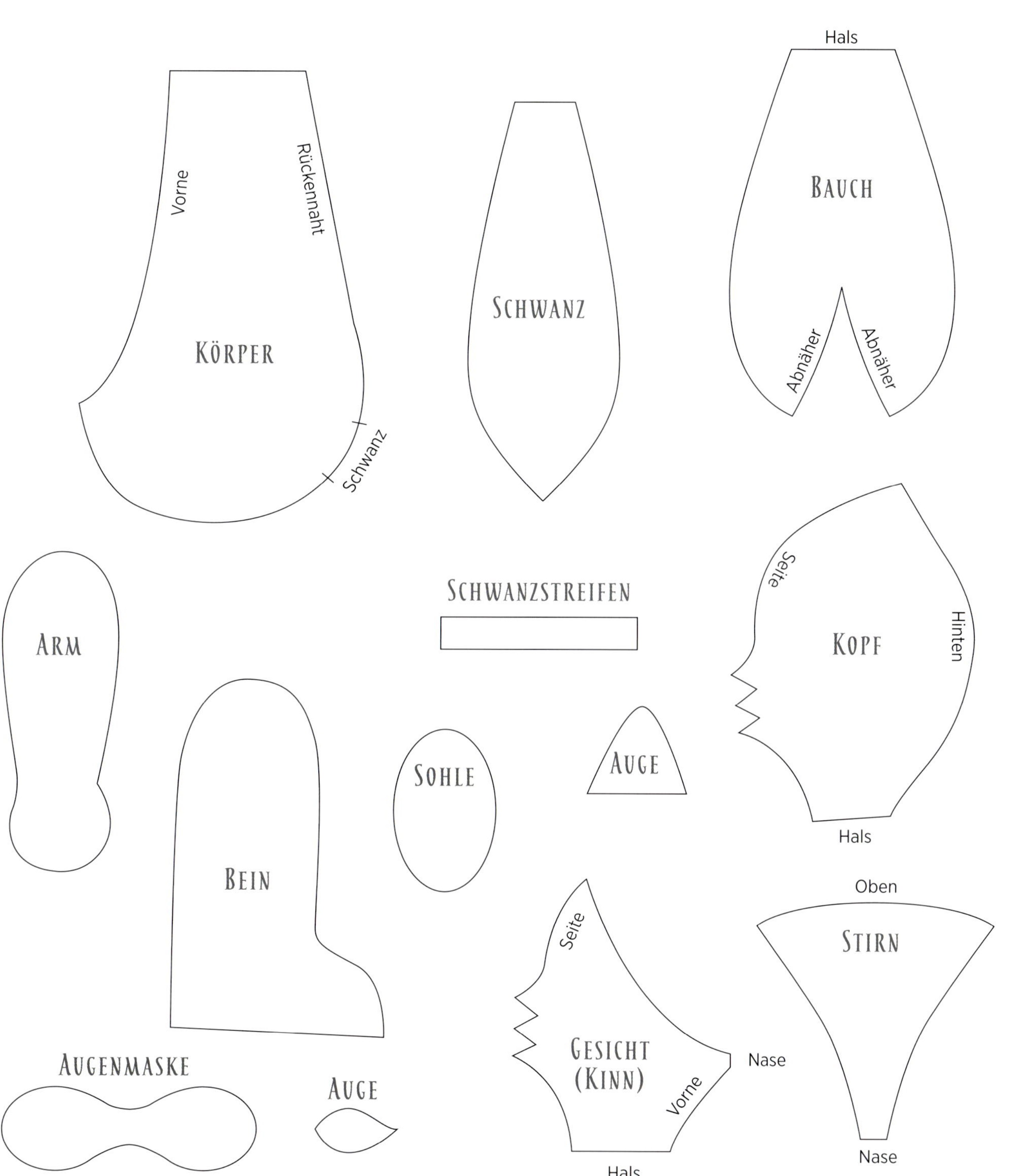

FAMILIE WASCHBÄR: KINDER

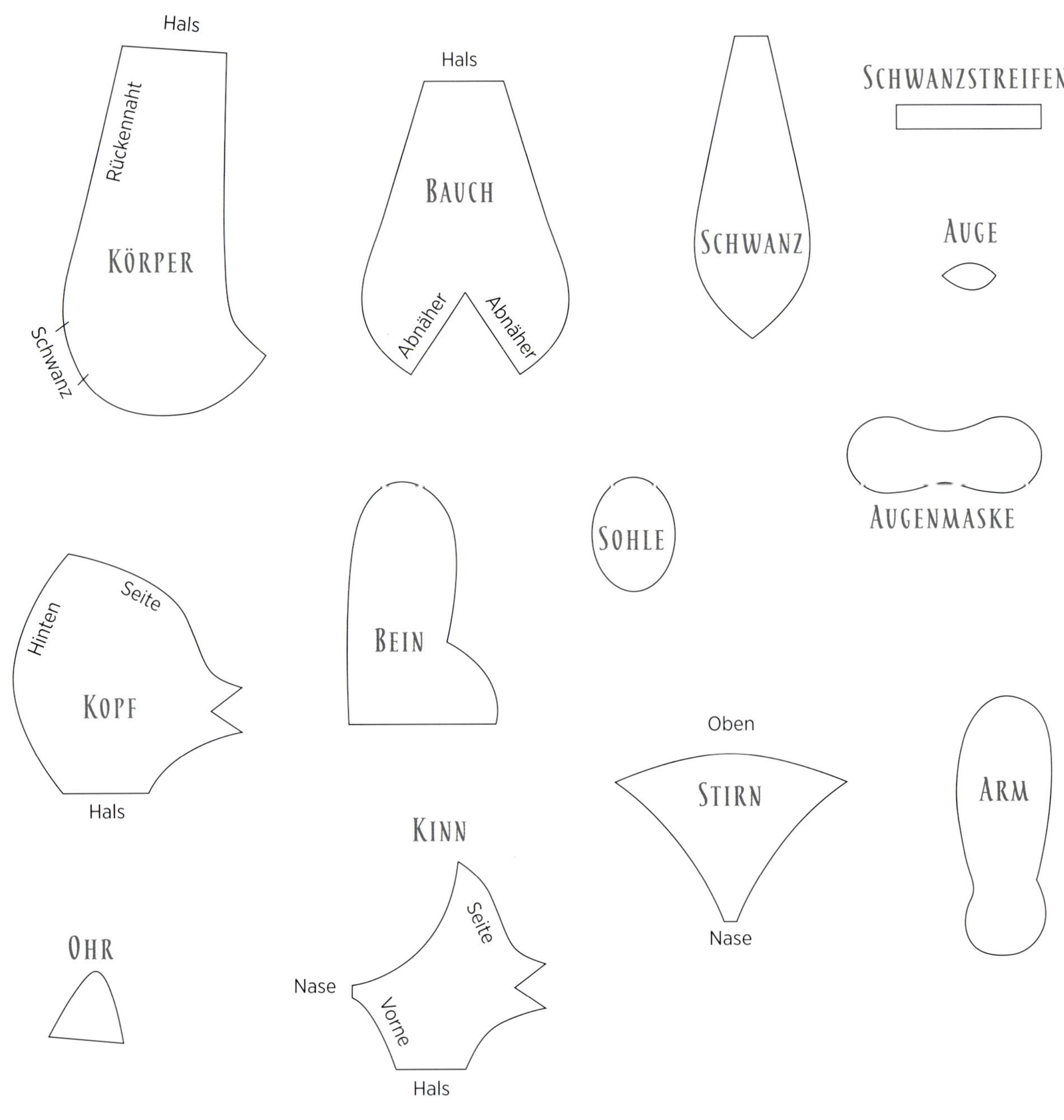

FAMILIE BÄR: ERWACHSENE

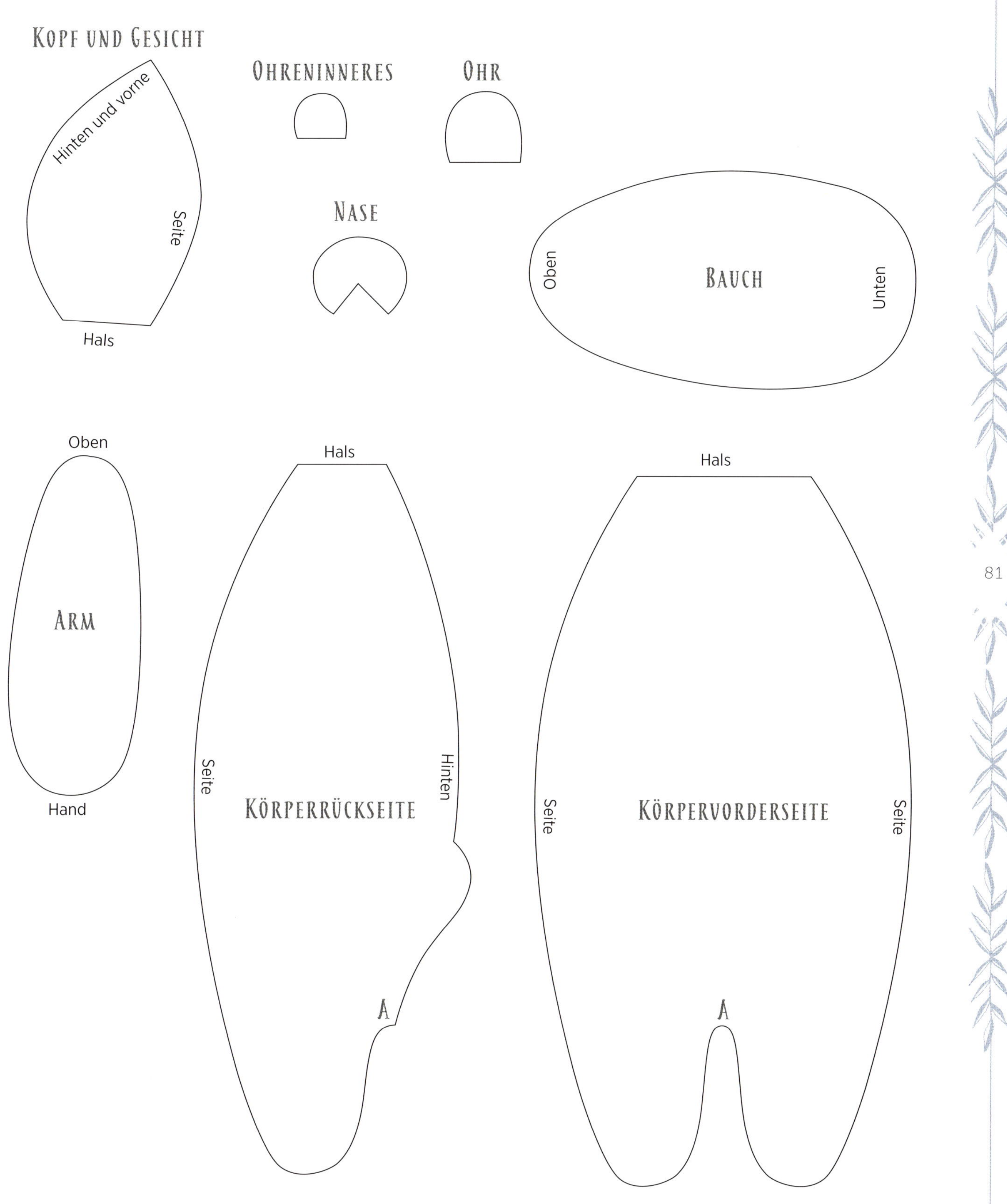

FAMILIE BÄR: KINDER

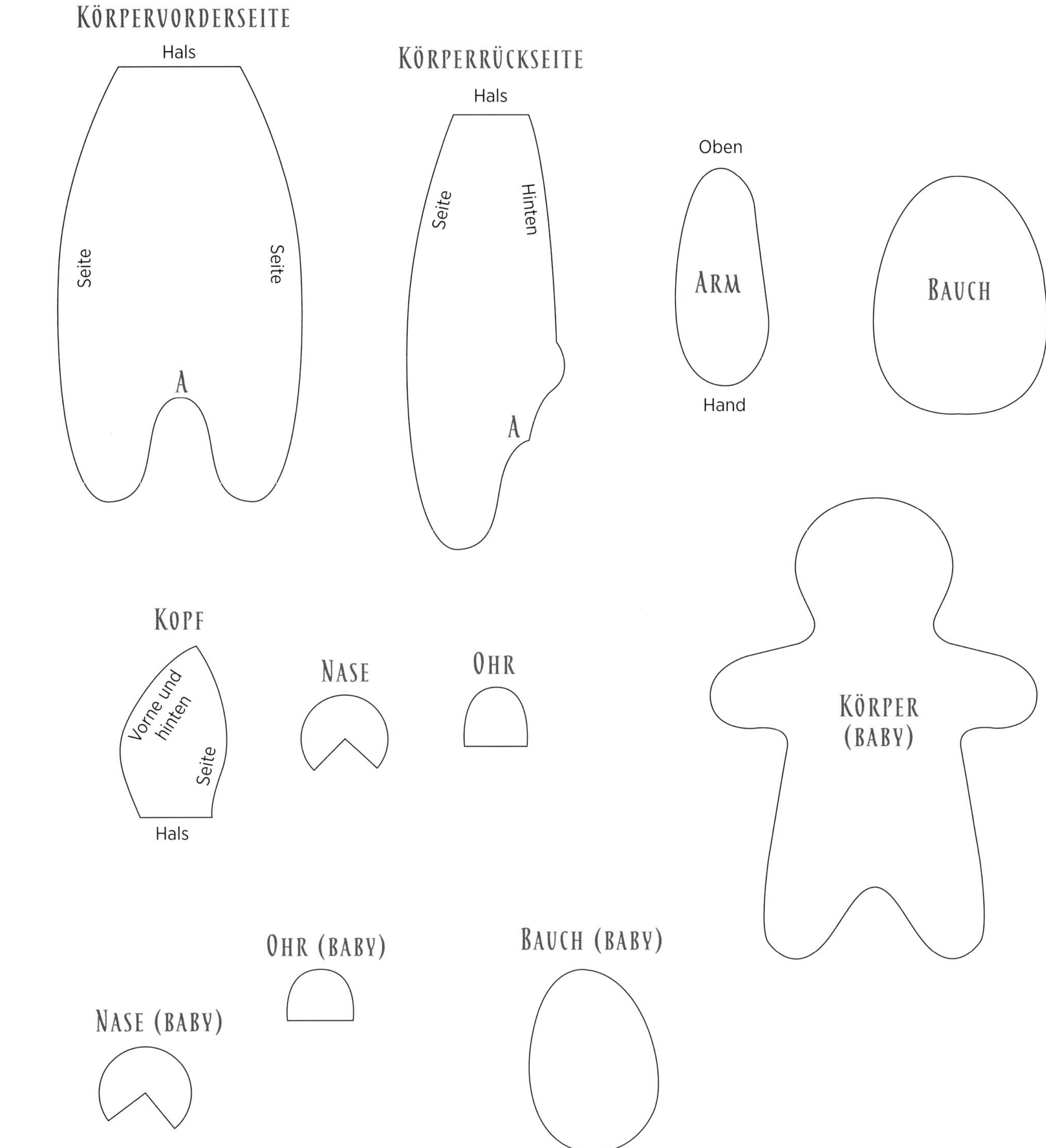

FAMILIE FUCHS: ERWACHSENE

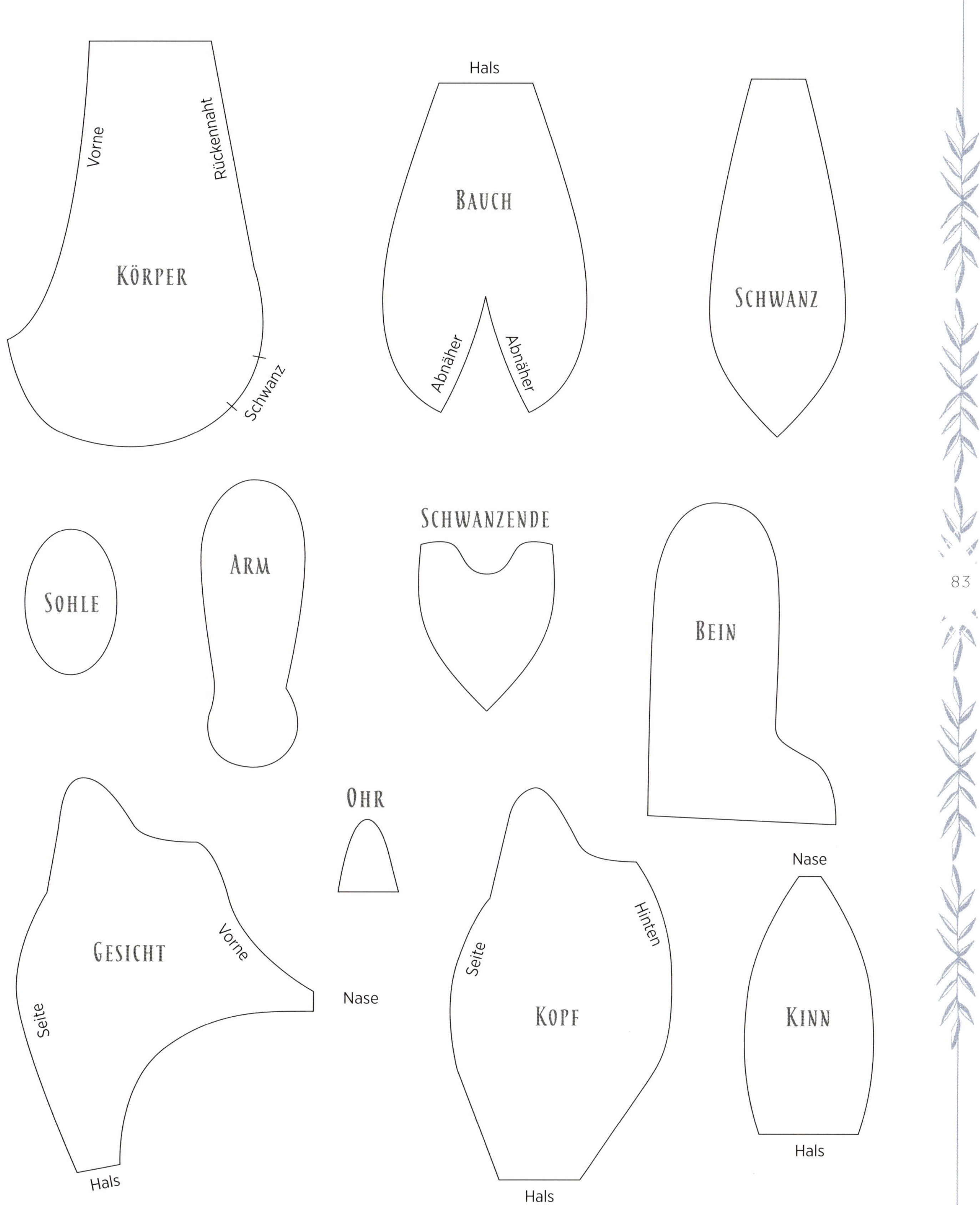

FAMILIE FUCHS: KINDER

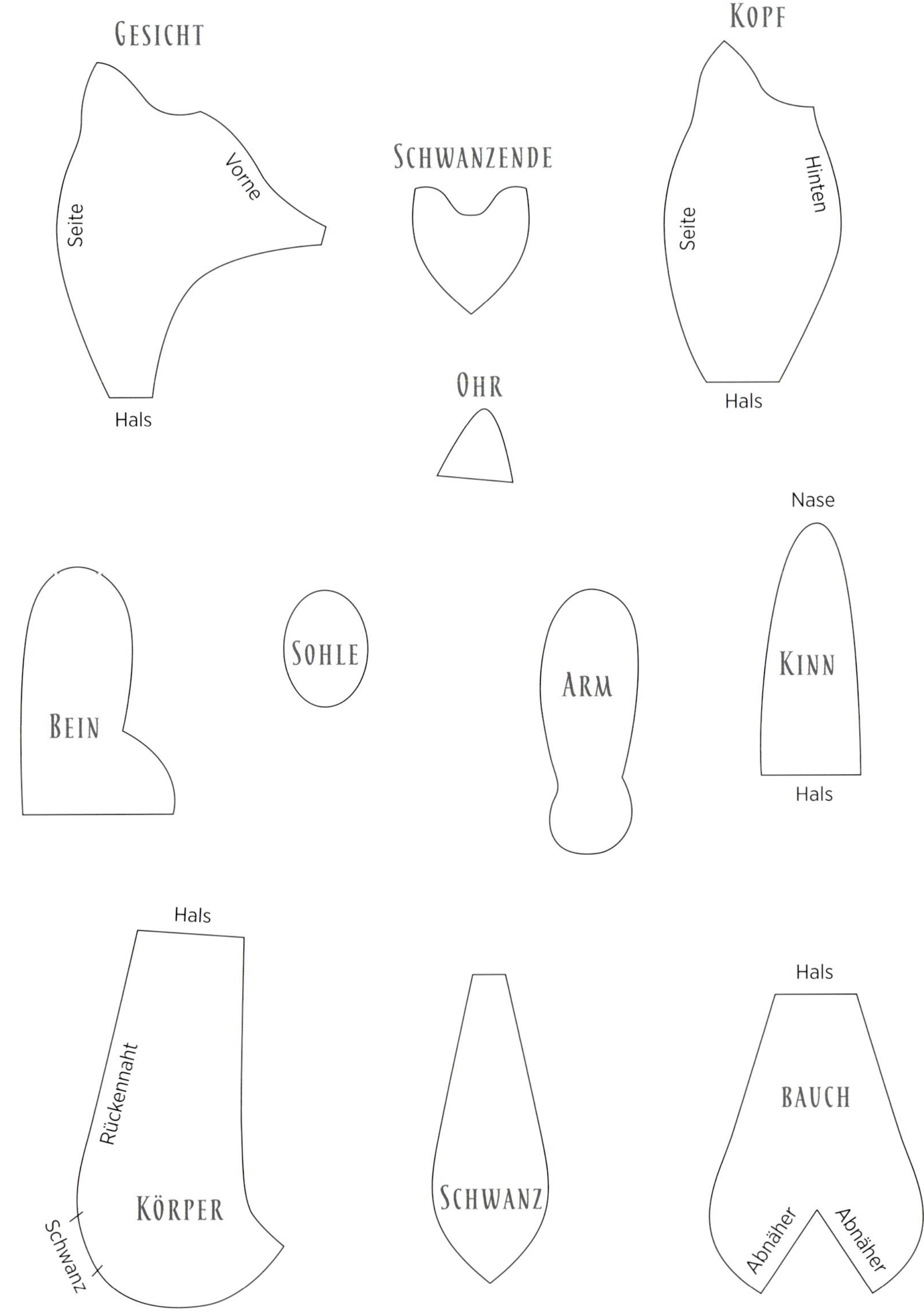

FAMILIE HASE: ERWACHSENE

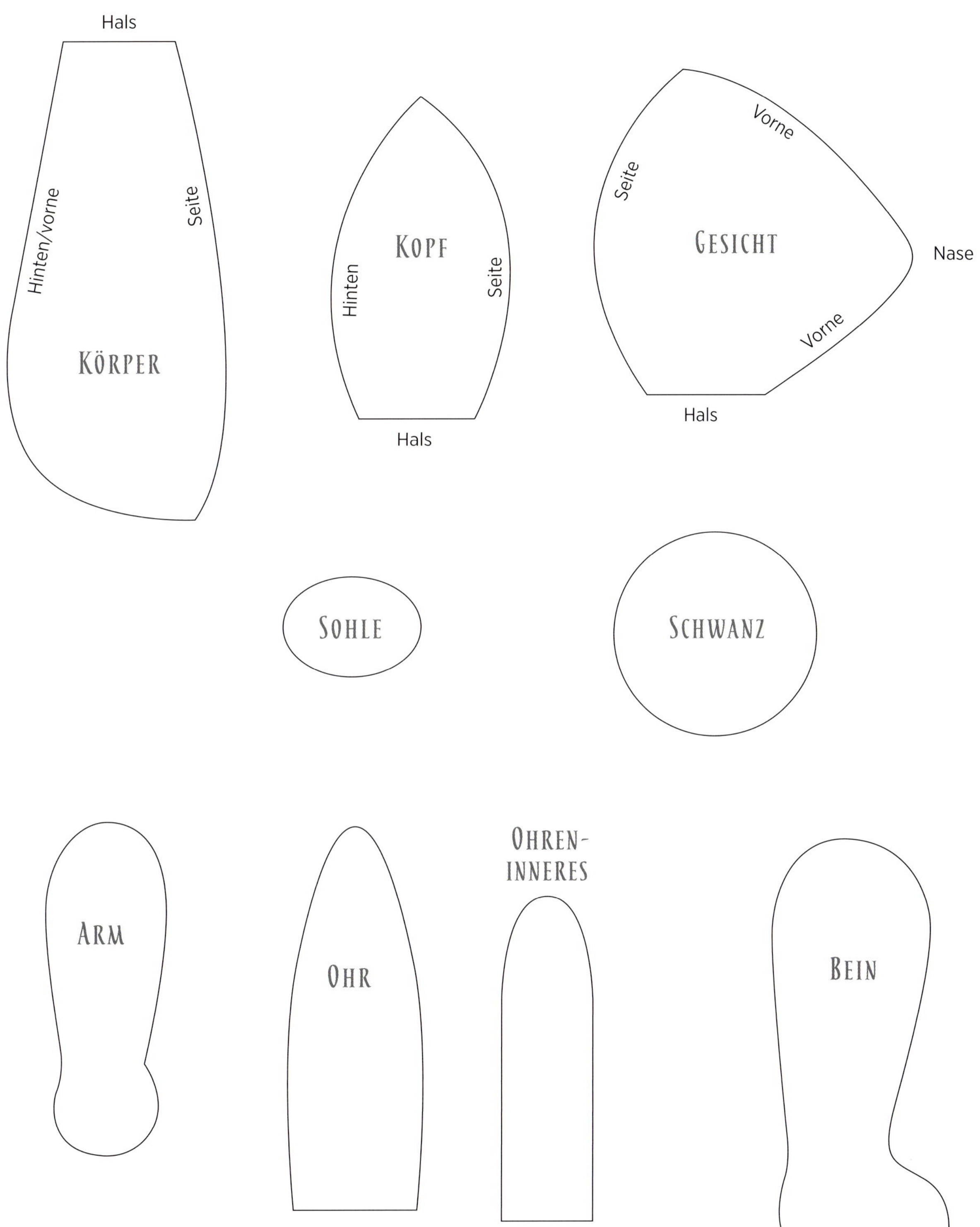

FAMILIE HASE: KINDER

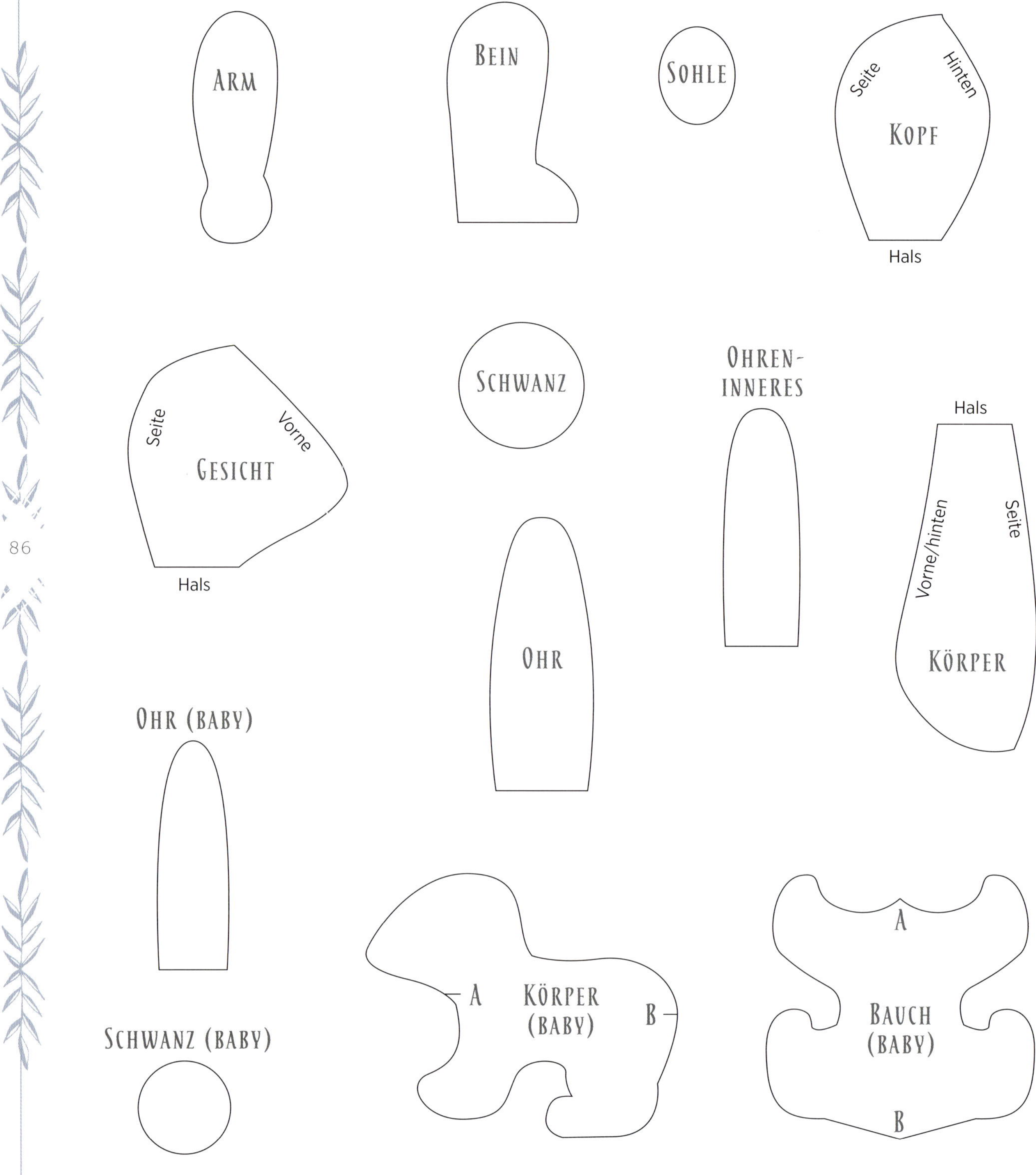

FAMILIE MAUS: ERWACHSENE

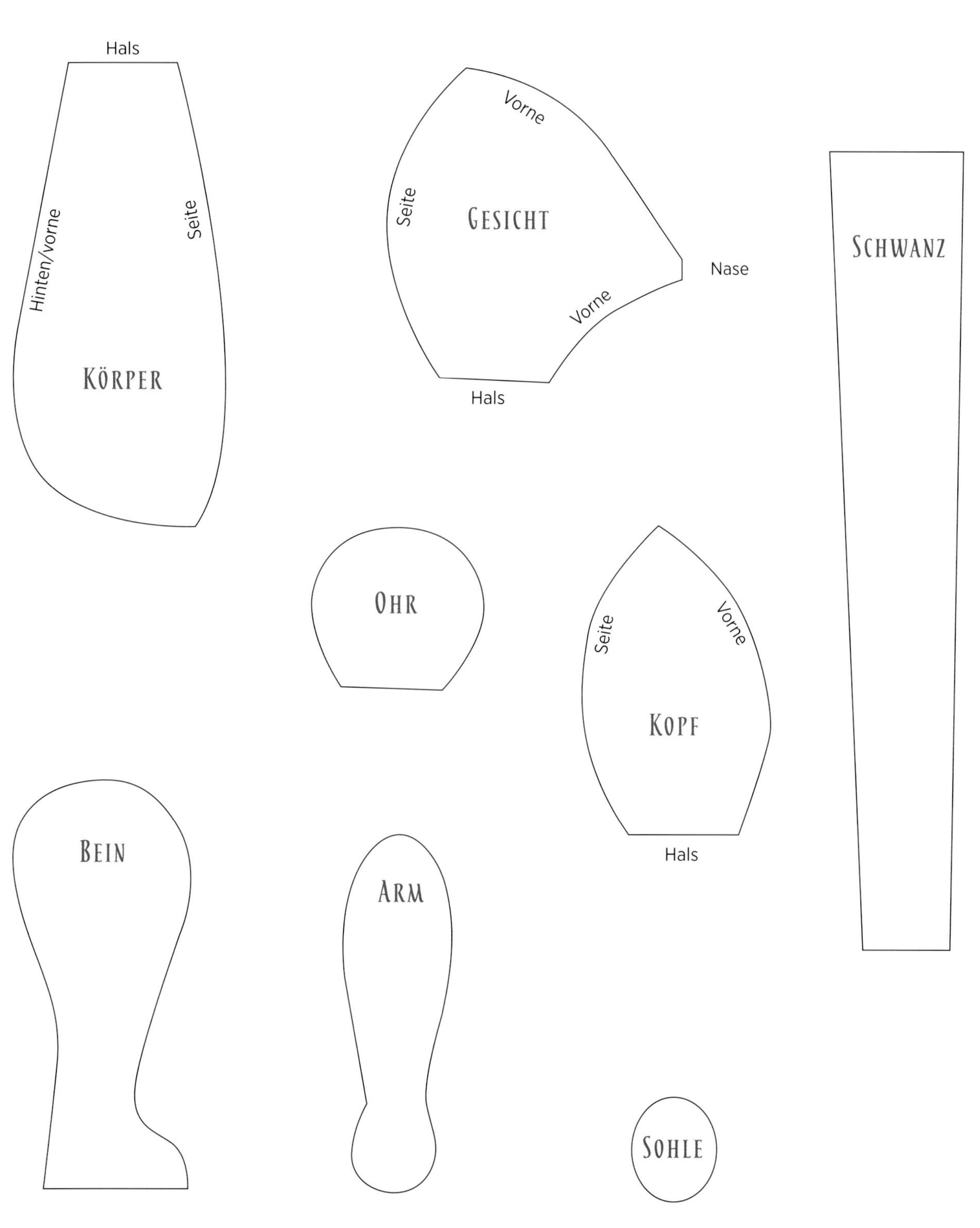

FAMILIE MAUS: KINDER

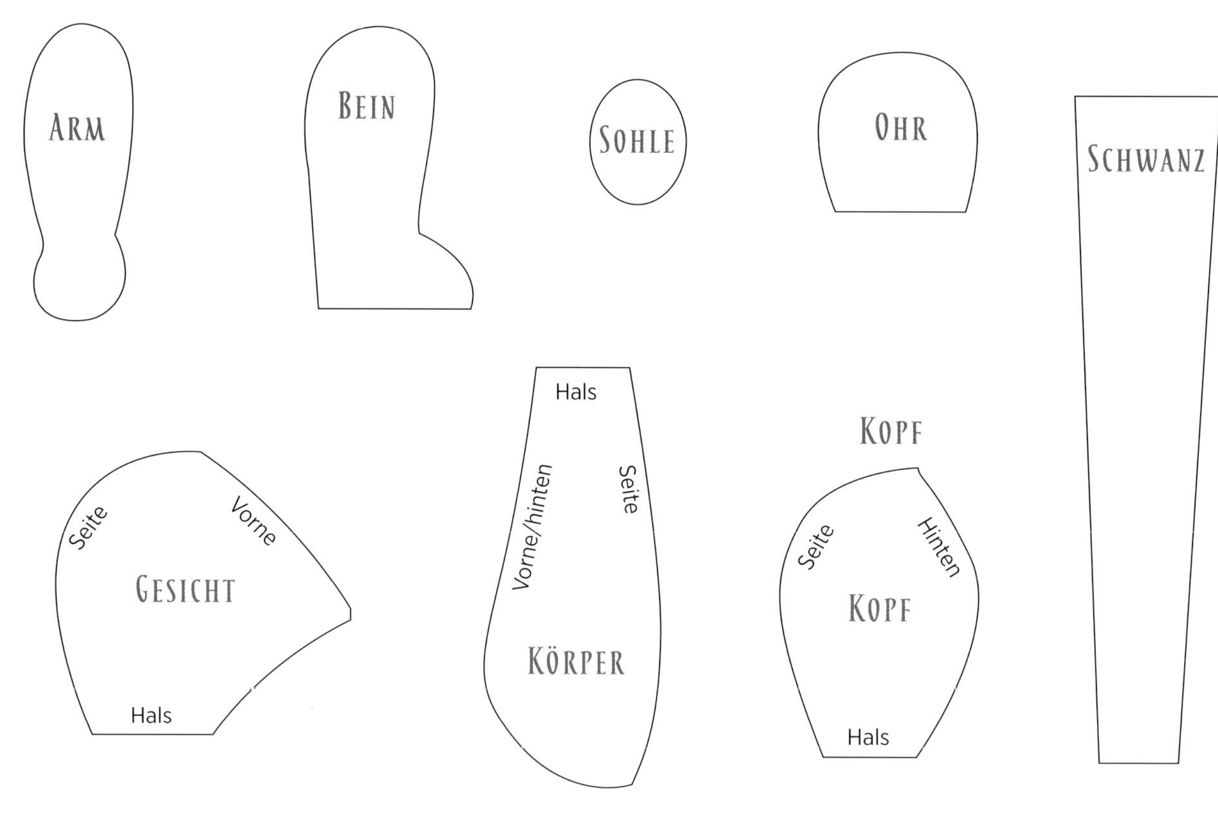

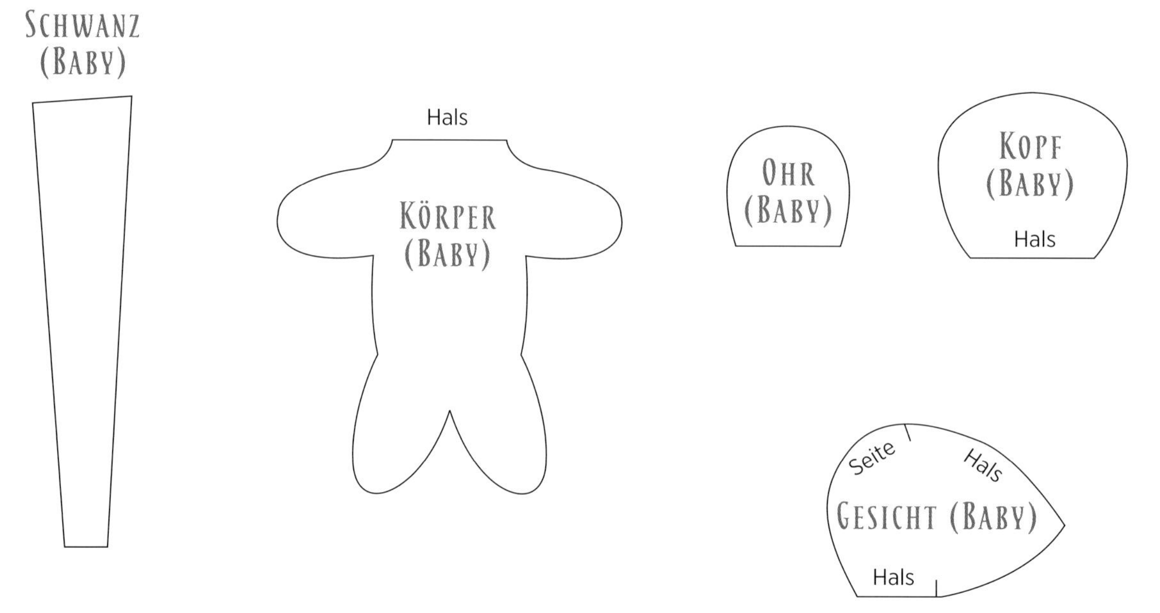

FAMILIE HIRSCH: ERWACHSENE

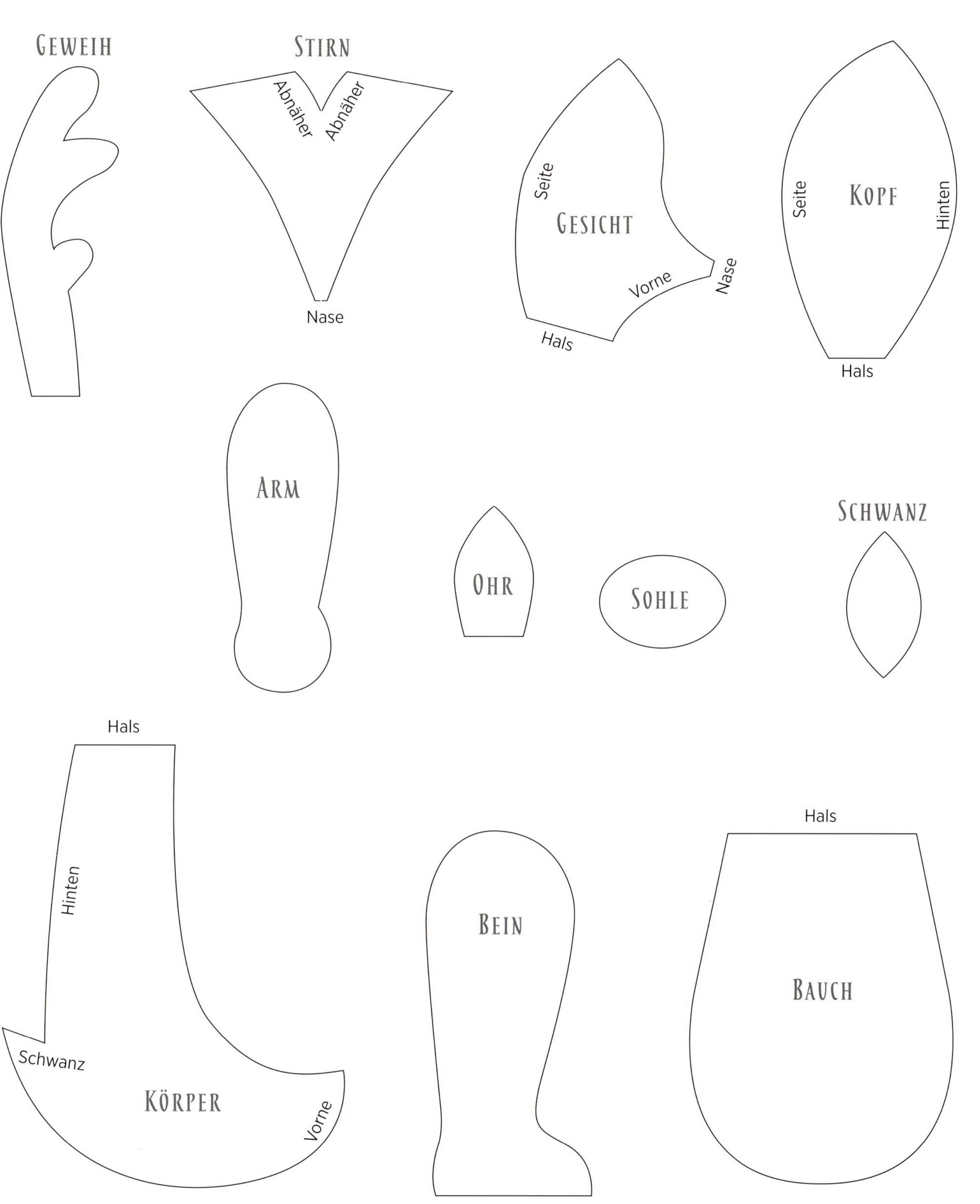

FAMILIE HIRSCH: KINDER

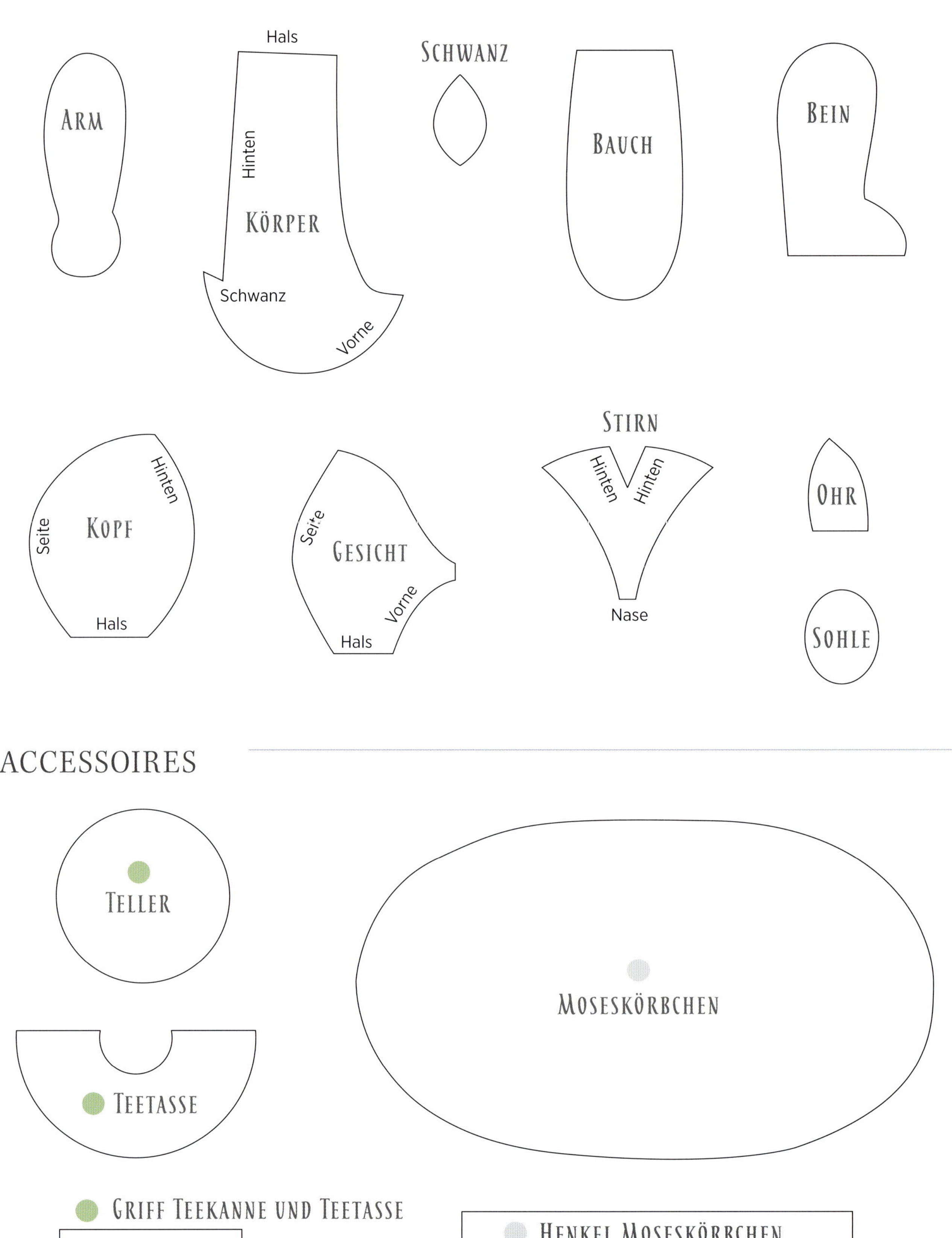

ACCESSOIRES

Möhre
Möhrengrün
Verstecken Sie diesen Teil
Spargel
Deckel Teekanne
Ausgiesser Teekanne
Fisch
Teekanne
Eimer
Korb 2 Hinten
Seite
Seite
Boden
Korb 2 Vorne
Seite
Seite
Boden
Eimer Boden
Korb 2 Boden
Brille
Hausschuhsohle
Hausschuhoberseite

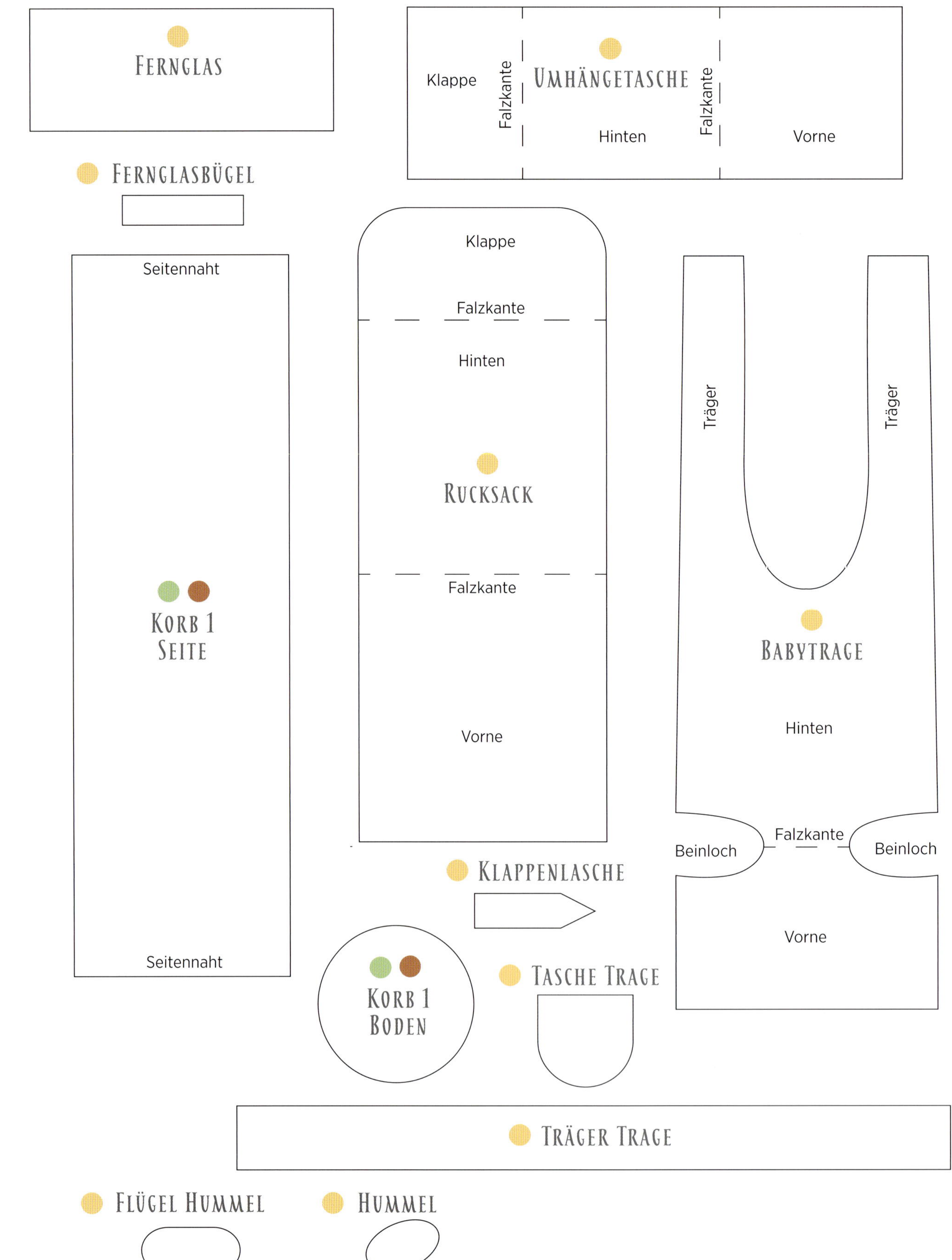
Fernglas
Klappe
Falzkante
Umhängetasche
Falzkante
Hinten
Vorne
Fernglasbügel
Seitennaht
Korb 1
Seite
Seitennaht
Klappe
Falzkante
Hinten
Rucksack
Falzkante
Vorne
Träger
Träger
Babytrage
Hinten
Beinloch
Falzkante
Beinloch
Vorne
Klappenlasche
Korb 1
Boden
Tasche Trage
Träger Trage
Flügel Hummel
Hummel

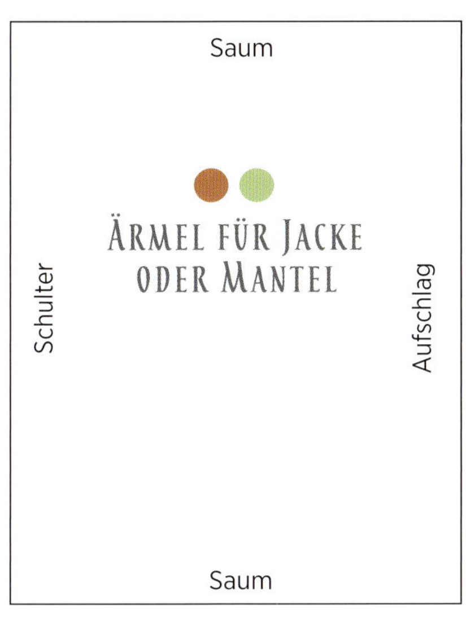

KLEIDUNG ERWACHSENE

Ärmel für Jacke oder Mantel
Saum
Schulter
Aufschlag
Saum
Kurze Hosen/ Hosen
Inneres Bein
Vorne
Taille
Naht
Inneres Bein
Beinloch
Hinten
Tasche Jacke und Mantel
Halstuch
Vorderseite Jacke oder Mantel
Schulter
Hals
Armloch
Seite
Öffnung vorne
Jackensaum
Mantelsaum
Rückseite Jacke oder Mantel
Schulter
Hals
Schulter
Armloch
Armloch
Seite
Seite
Jackensaum
Mantelsaum

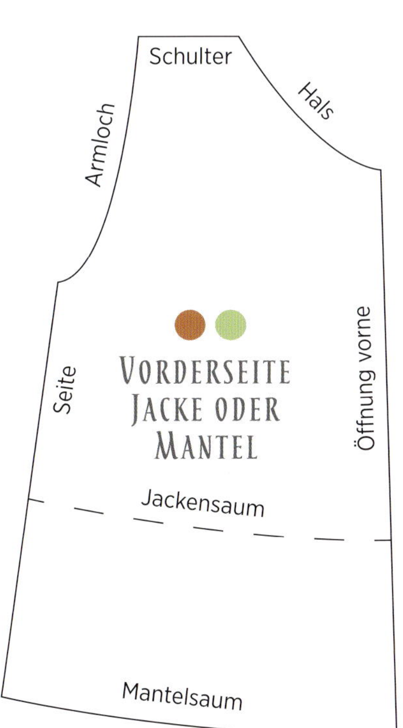

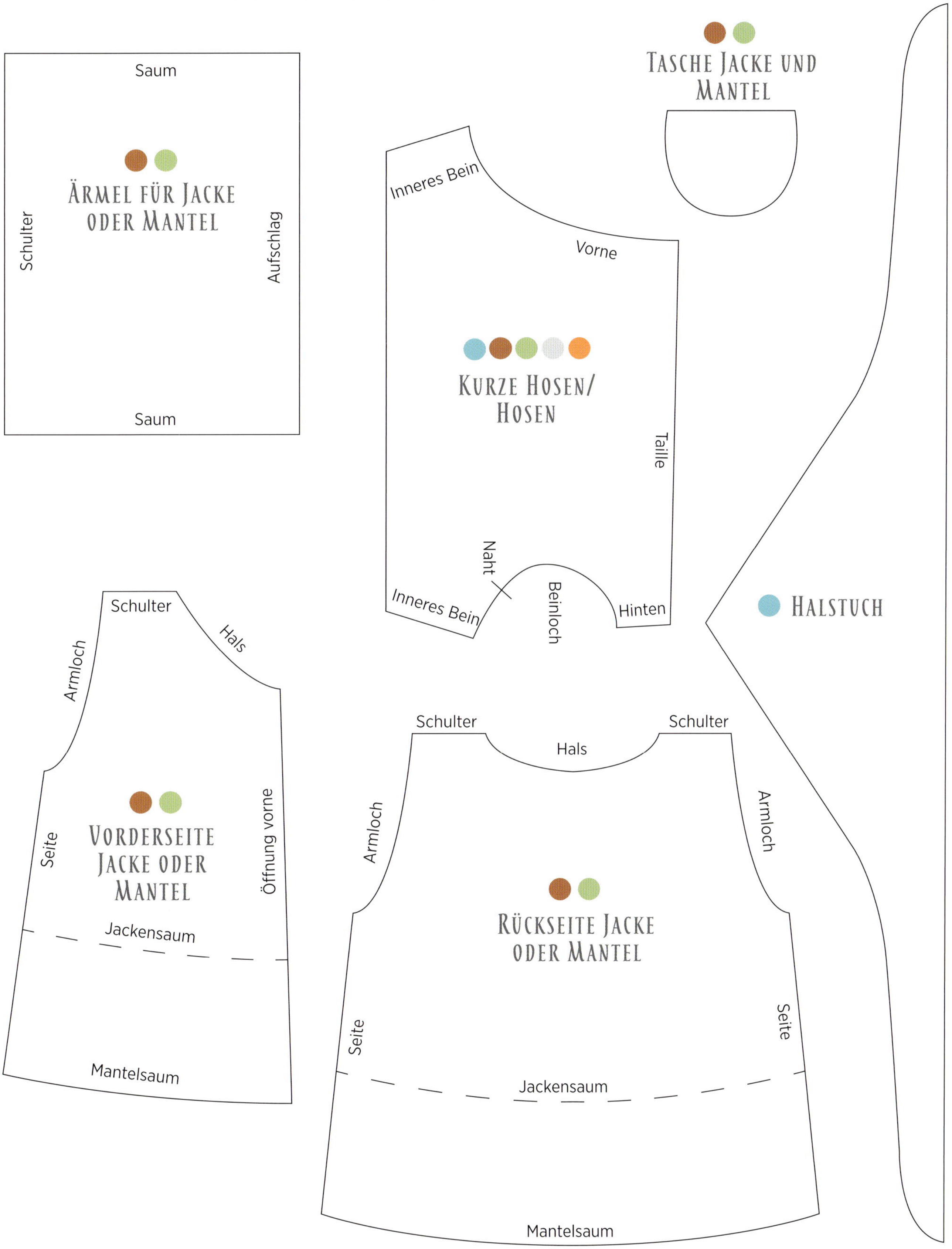

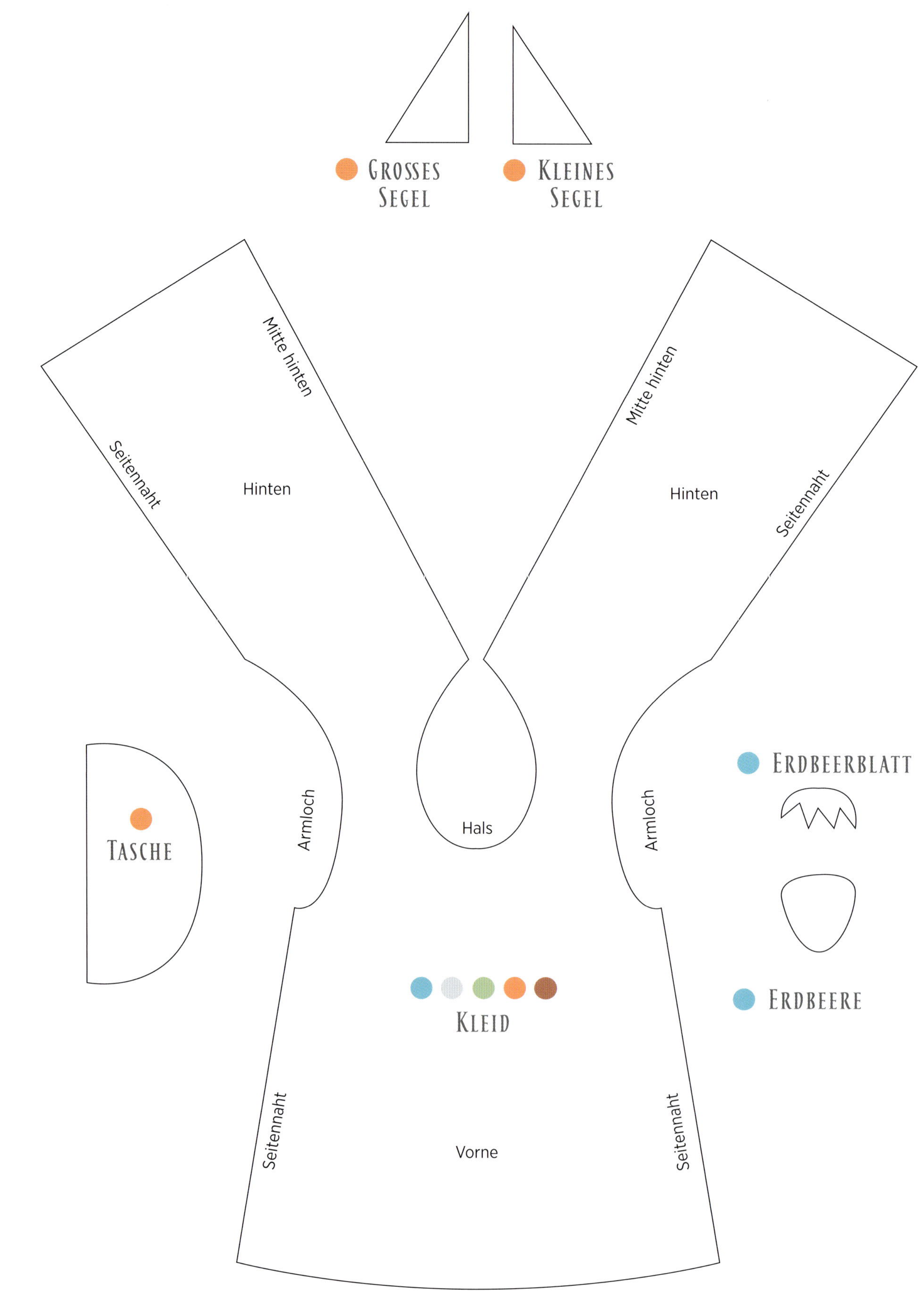
Grosses Segel
Kleines Segel
Mitte hinten
Seitennaht
Hinten
Mitte hinten
Hinten
Seitennaht
Tasche
Armloch
Hals
Armloch
Erdbeerblatt
Kleid
Erdbeere
Seitennaht
Vorne
Seitennaht

Vorne

Öffnung vorne

Seitennaht

Armloch

Vorne

Öffnung vorne

Seitennaht

Armloch

Hals

Weste

Seitennaht

Hinten

Seitennaht

Latzhosenlatz Erwachsene

Tasche kurze Hose

Tasche Latzhose

Latzhose/kurze Hose nur für die Bären

Kurze Hosen für Kinder (außer Bären)

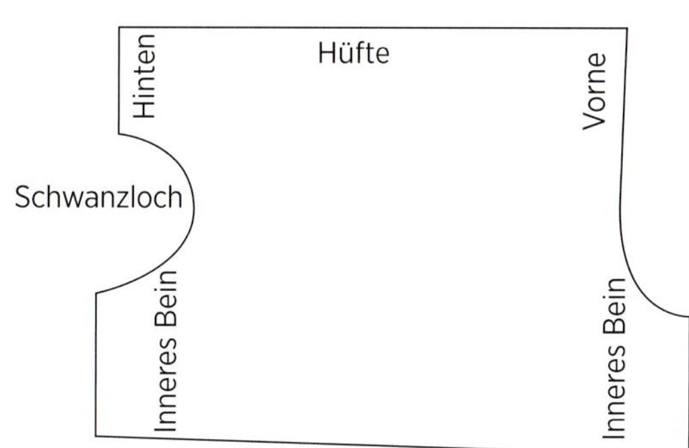

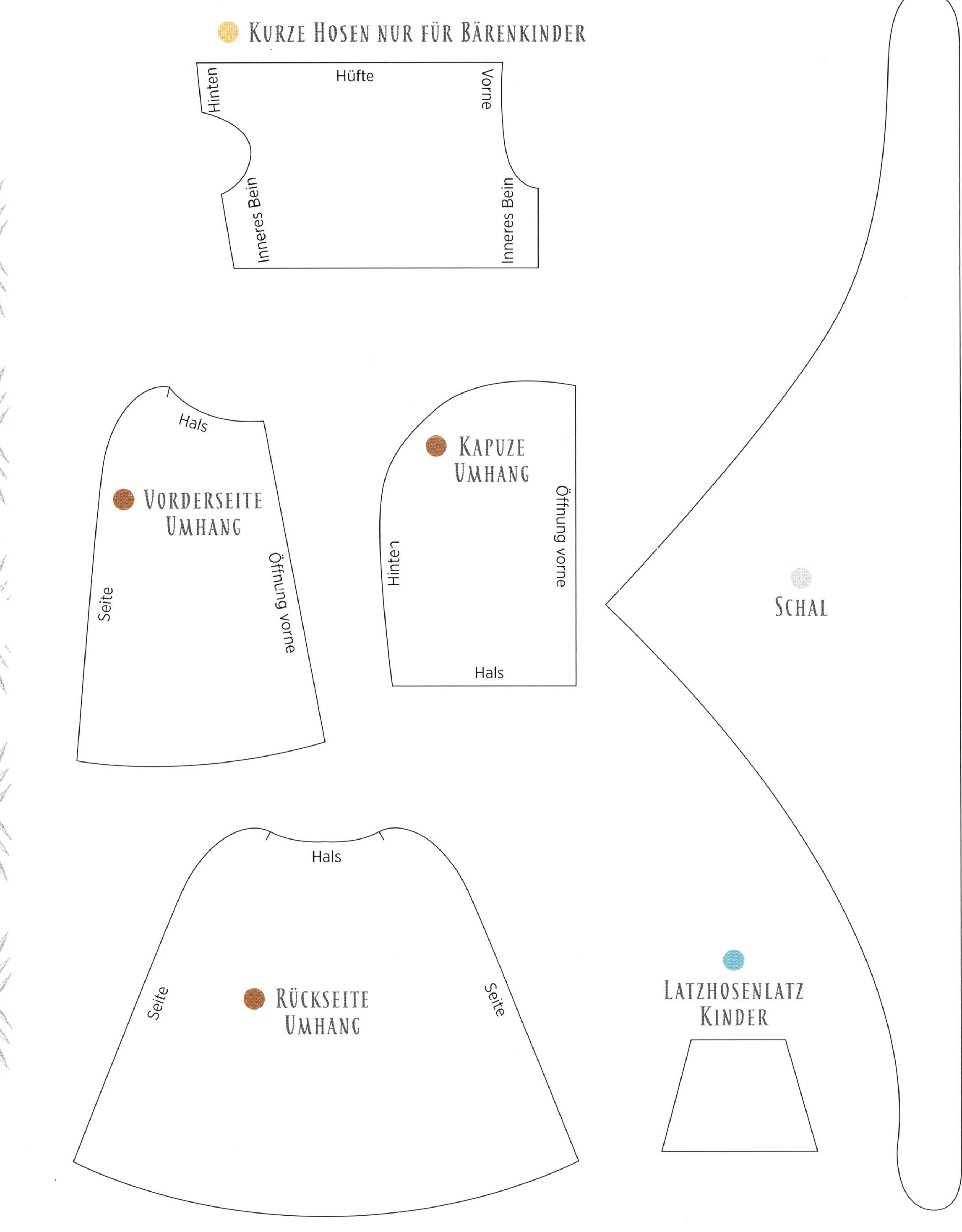
Kurze Hosen nur für Bärenkinder
Hüfte
Hinten
Vorne
Inneres Bein
Inneres Bein
Hals
Vorderseite
Umhang
Seite
Öffnung vorne
Kapuze
Umhang
Öffnung vorne
Hinten
Hals
Schal
Hals
Rückseite
Umhang
Seite
Seite
Latzhosenlatz
Kinder